Alfabetizar letrando com a
tradição oral

Obra em conformidade ao NOVO ACORDO da Língua Portuguesa

© 2013 by Lenice Gomes
Fabiano Moraes

© Direitos de publicação
CORTEZ EDITORA
Rua Monte Alegre, 1074 – Perdizes
05014-001 – São Paulo – SP
Tel.: (11) 3864-0111 Fax: (11) 3864-4290
cortez@cortezeditora.com.br
www.cortezeditora.com.br

Direção
José Xavier Cortez

Editores
Amir Piedade
Anna Christina Bentes
Marcos Cezar Freitas

Preparação
Alessandra Biral

Revisão
Gabriel Maretti
Rodrigo da Silva Lima

Edição de Arte
Mauricio Rindeika Seolin

Projeto e Diagramação
More Arquitetura de Informação

Ilustrações
Marco Antonio Godoy

Dados Internacionais de Catalogação na Publicação (CIP)
(Câmara Brasileira do Livro, SP, Brasil)

Gomes, Lenice
    Alfabetizar letrando com a tradição oral / Lenice Gomes,
Fabiano Moraes. – 1. ed. – São Paulo: Cortez, 2013. – (Coleção
biblioteca básica de alfabetização e letramento)

    Bibliografia.
    ISBN 978-85-249-2114-8

    1. Alfabetização 2. Escrita 3. Leitura 4. Letramento 5. Prática
de ensino 6. Tradição oral I. Moraes, Fabiano. II. Título. III. Série.

13-09264   CDD-372.414

Índices para catálogo sistemático:

1. Processos de alfabetização e letramento:
    Tradição oral: Pedagogia: Educação   372.414

Impresso no Brasil — Setembro de 2014

Biblioteca Básica de Alfabetização e Letramento

Alfabetizar letrando com a
tradição oral

Lenice Gomes
Fabiano Moraes

1ª edição
1ª reimpressão

CORTEZ EDITORA

Sumário

↘ INTRODUÇÃO

▸ Tradição oral: uma riqueza presente em nossos dias 8

↘ CAPÍTULO 1

A oralidade na sala de aula: o respeito à fala do aluno

Alfabetizar letrando com provérbios e fábulas **12**

▸ Em defesa do uso do termo *oratura* **13**

▸ A tradição oral na escola: uma porta que se abre **16**

▸ Como e por que respeitar a 'fala' do aluno na sala de aula **19**

▸ Alfabetização, letramento e cidadania **24**

▸ A importância da fala do aluno no processo
de alfabetização e letramento **27**

▸ Por uma ação reflexiva **30**

▸ Proposta prática: alfabetizar letrando com
provérbios e fábulas **31**

Provérbios **31**

Fábulas **39**

▸ Livros sugeridos para ações literárias **46**

▸ Para além da sala de aula: teatro fabuloso **48**

▸ Para conhecer mais **49**

↘ CAPÍTULO 2

Tradição oral, alfabetização e letramento

Parlendas, quadrinhas e cantigas: por um letramento lúdico **50**

▶ Contadores e professores: entre o lúdico e o pedagógico **51**

▶ Brincando com a palavra: por um letramento lúdico **54**

▶ Alfabetização e letramento **58**

▶ Letramento: dimensão individual **62**

▶ Letramento: dimensão social **65**

▶ Por uma ação reflexiva **69**

▶ Proposta prática: alfabetizar letrando

com parlendas, quadrinhas e cantigas **70**

Parlendas **70**

Quadrinhas **82**

Cantigas **82**

▶ Livros sugeridos para ações literárias **84**

▶ Para além da sala de aula: vamos cirandar **86**

▶ Para conhecer mais **90**

↘ **CAPÍTULO 3**

A literatura infantil e as raízes no popular

Palavras-enigma: dos mitos às adivinhas **91**

▸ Da palavra criadora à tradição oral **92**

▸ Da tradição oral a seus registros escritos
   antigos e medievais **94**

▸ A literatura infantil e suas raízes na tradição oral **98**

▸ O registro escrito da tradição oral no Brasil **103**

▸ Tempos atuais: a tradição oral na literatura infantil **105**

▸ Por uma ação reflexiva **108**

▸ Proposta prática: alfabetizar letrando
   com adivinhas e mitos **109**

   Adivinhas **109**

   Mitos **116**

▸ Livros sugeridos para ações literárias **124**

▸ Para além da sala de aula: caça ao tesouro **126**

▸ Para conhecer mais **130**

↘ CAPÍTULO 4

Os narradores tradicionais e a escola

Lendas e contos tradicionais **131**

▸ Breve histórico da decadência da oralidade

no Ocidente moderno **132**

▸ O romance entra em cena **134**

▸ A era da informação **137**

▸ O distanciamento da morte na sociedade ocidental **140**

▸ Século XX: mudanças aceleradas **143**

▸ Por uma ação reflexiva **152**

▸ Proposta prática: alfabetizar letrando

com lendas e contos tradicionais **154**

Lendas e contos tradicionais **154**

▸ Livros sugeridos para ações literárias **164**

▸ Para além da sala de aula:

contos e lendas que nos cercam **166**

▸ Para conhecer mais **168**

↘ REFERÊNCIAS BIBLIOGRÁFICAS **169**

↘ BIOGRAFIAS **182**

⤵ INTRODUÇÃO

Tradição oral: uma riqueza presente em nossos dias[1]

*Baudelaire amava a solidão,
mas a queria na multidão*
(Benjamin, 1989, p. 47).

Quando Baudelaire, espécie de narrador lírico, descobriu que, sem os ecos servis da forma, a poesia podia florescer do outro lado do *boulevard*, da vida noturna das ruas, dos becos, das adegas, dos cafés e das mansardas[2] de Paris, originou-se uma concepção para a lírica que em nada modificaria a compreensão do mundo fantástico e imaginário dos contos tradicionais e das histórias cotidianas.

1 - Texto de autoria de Lenice Gomes e Fabiano Moraes, originalmente publicado com o mesmo título na *Revista Direcional Educador*, ano 8, n. 91, p. 14-16, ago. 2012.
2 - "Tipo de telhado em que cada água ('vertente de telhado') é quebrada em dois caimentos (o inferior, quase vertical, e o superior, quase horizontal), de modo a permitir o aproveitamento de espaço no desvão do mesmo" (Houaiss; Villar, 2009).

O contador de histórias habitava aquele mundo e, como transeunte, foi se adaptando aos meios e às angústias da modernidade. Com efeito, percebemos que a figura mítica e lendária do homem que narra, localizada na sociedade urbano-industrial, não se perdeu na multidão, nem mesmo quando foi lançada involuntariamente no labirinto dos chipes dos vídeos e dos computadores. Isso porque ainda havia, e ainda há, no céu a Lua e na selva amazônica as belas narrativas indígenas. A sociedade necessita de mitos e por isso não consegue se desvencilhar desse processo imaginário que o momento revela e que se manifesta nas ações, nos sonhos e nos sentimentos do homem como ser social e cultural.

Valendo-nos dessas assertivas, queremos descortinar o papel contemporâneo desse homem real de todos os dias (da prosa na esquina, das conversas telefônicas, dos relatos mais breves), sujeito atuante e presente no cotidiano escolar, que nos conduz a um mundo imaginário e fantástico evocando a força da forma de nossos pensamentos, constituindo, em suas narrativas e brincadeiras com as palavras, nosso conjunto social.

Nesse sentido, vasculhamos (se assim podemos dizer) os horizontes de nossas culturas mergulhando em um universo transformado pela força dos significados plurais que habitam a tradição oral e transitam pelo espaço escolar, com o intuito de contribuirmos, por meio desse livro, com a formação e com as práticas do professor no que tange ao processo de alfabetização e às práticas de letramento com gêneros da tradição oral.

Para tanto, conceituamos, no primeiro capítulo, o termo *oratura*, destacando a importância do respeito à fala do aluno no processo de alfabetização e letramento, visando a constituição de sua cidadania, e sugerimos atividades com provérbios e fábulas.

No segundo capítulo, abordamos os aspectos lúdicos concernentes a alguns gêneros da tradição oral como pontos favoráveis a seu uso nos processos de alfabetização e letramento, e propomos atividades com parlendas, quadrinhas e cantigas no ambiente escolar.

No capítulo subsequente, traçamos um breve panorama das relações da literatura infantil com a tradição oral, com o objetivo de destacarmos a presença desta em livros destinados ao público infantil. Em seguida, apresentamos algumas atividades envolvendo seres mitológicos e adivinhas.

No último capítulo, descrevemos brevemente o histórico da desvalorização da oralidade no Ocidente, defendendo a importância desse universo e da valorização do convívio intergeracional a ele inerente. Por fim, lançamos mão de propostas de ações a partir da leitura de lendas e contos tradicionais.

Se, para Benjamin (1979), a narrativa não se exaure, mas mantém sua força e sua sabedoria por milênios, como sementes hermeticamente guardadas mantêm seu poder de germinação, poderíamos acrescentar a essa força de germinação a enorme riqueza que a tradição oral traz em seu bojo. Uma riqueza que geralmente deixamos guardada em um quarto escuro de nosso reinado interior ou em um território esquecido da sala de aula, como nos faz lembrar Dieckmann (1986, p. 11) ao narrar, em *Contos de fada vividos*, um conto milenar indiano que nos ajuda a ilustrar o que a própria tradição oral diz fundo ao nosso imaginário por meio de sua polifonia ancestral e milenar:

> *Em um reinado distante, o Rei recebeu por um ano seguido a visita diária de um Mago que lhe deu de presente, em cada um desses dias, uma linda maçã. Ocupado e distraído por seus inúmeros afazeres, o Rei repetia diariamente o ritual cotidiano de agradecer ao Mago e entregar a fruta recebida a seu assistente, ordenando que este a depositasse em uma sala escura do seu palácio. Pois, justamente no dia em que essa corriqueira prática completava um ano, o pequeno macaco de estimação da Rainha libertou-se de sua coleira e, pulando rapidamente para a sala escura no momento em que o assistente do Rei guardava mais uma maçã, pegou-a e mordeu-a. Neste instante, todos, com exceção do Mago, admiraram-se ao ver que a maçã continha uma rica e bela pedra preciosa em seu interior. O Rei imediatamente abriu as outras maçãs e verificou que, debaixo da polpa apodrecida de cada uma das frutas, havia uma pedra preciosa de enorme valor, totalizando exatamente o número de dias do ano.*

Lançamos assim nosso convite à leitura deste livro e à busca lúdica pela riqueza da tradição oral presente em nossos dias.

↘ **CAPÍTULO 1**

A oralidade na sala de aula: o respeito à fala do aluno

Alfabetizar letrando com provérbios e fábulas

Ao mesmo tempo que a experiência linguística da oralidade influencia a compreensão e o funcionamento da escrita, essa compreensão torna mais claro para as crianças o funcionamento da língua oral e a enriquece (Terzi, 1995, p. 114).

Em defesa do uso do termo *oratura*

Ao nos propormos a transitar pelo tema que intitula este capítulo, assim o almejamos fazer como narradores e professores. Por um lado, o fato de sermos narradores é algo que consideramos de suma importância para a abordagem aqui proposta, tendo em vista a proximidade dessa atividade com os saberes e os fazeres populares, assim como com o vasto acervo oral tradicional herdado dos nossos antepassados. Por outro lado, somos também professores, o que nos possibilitou conhecer bem o espaço social denominado sala de aula, lugar onde se efetiva oficialmente a educação e se dão os processos de constituição dos sujeitos em meio a uma ampla rede de interações pessoais, de tradições e de tecnologias. Por essas razões, nós nos sentimos à vontade para utilizar e propor, nesta obra, práticas sociais de letramento que dialoguem diretamente com esse vasto acervo da tradição oral, a *oratura*, termo conceituado a seguir, ao mesmo tempo que lançamos mão de argumentos em defesa de seu uso.

O termo *oratura*, proposto pelo linguista ugandês Pio Zirimu nas universidades de Makerere em Uganda, na década de 1960, surge como alternativa à expressão "literatura oral" por apresentar-se mais apropriado para o fim a que se propõe: designar um conjunto de formas verbais orais, artísticas ou não.

A proposta de uso de um novo termo é justificada pelo fato de que o termo "literatura oral", utilizado com enorme frequência, traz em sua composição uma palavra central originariamente relacionada à escrita (literatura), conjugada a outra que, em nível secundário, aponta para a oralidade (oral).

Luís da Câmara Cascudo (1984), ao referir-se à literatura oral, afirma que o termo, criado por Paul Sébillot, em 1881, reúne gêneros da oralidade, como: contos, lendas, mitos, adivinhas, provérbios, parlendas, cantigas de roda, brincadeiras de roda, frases feitas, cantos, orações, transmitidos e conservados oralmente, mesmo que posteriormente registrados e conservados por meio da escrita. "Sua característica é a persistência pela oralidade" (Cascudo, 1984, p. 23).

No entanto, alguns autores têm apontado para o fato de que tanto esse como outros termos relacionados à oralidade sugerem, em sua constituição, a preponderância, precedência ou supremacia da escrita em detrimento da oralidade. Respaldando nossos argumentos em defesa da utilização de *oratura*, encontramos, em Maurizzio Gnerre (1998), questionamentos e críticas ao *grafocentrismo* exacerbado do Ocidente. Exemplificando o preconceito existente com relação à oralidade, Gnerre (1998) traz à tona o termo "cultura ágrafa", por exemplo, correntemente utilizado ao nos referirmos a uma cultura integral ou predominantemente oral. A palavra "ágrafa" (*a-grafa*: sem escrita), ao nominar tal cultura a partir da negação da condição de possuir a escrita como modalidade predominante ou oficial (condição considerada normal e ideal pela cultura grafocêntrica), pressupõe que o fato de uma cultura não possuir a escrita seja algo alarmante, fora do padrão de normalidade. Outro termo apresentado por Gnerre (1998) é a palavra "analfabeto" (*an-alfabeto*: não alfabetizado), utilizada em uma das suas acepções fundamentais para designar o indivíduo que não sabe fazer uso da escrita nem da leitura (Soares, 2008, p. 29). Os componentes morfológicos desta palavra, assim como da anterior, remetem-nos ao fato de que a ausência de domínio da escrita alfabética por parte de um indivíduo foge ao padrão por nós definido como normal: o domínio da escrita.

Retornando ao termo "literatura oral", podemos verificar que, tal como os outros apresentados anteriormente, ele também sugere a precedência da literatura (termo etimologicamente derivado de "letra", vinculado, portanto, à escrita) sobre a oralidade. Em razão de defendermos a valorização da oralidade em pé de igualdade com a escrita, sugerimos ao professor a alternativa de uso do termo *oratura*, tanto por encerrar em si a abrangência do vasto acervo da tradição oral, como por revelar a independência desse termo que tem como aspecto central a própria oralidade.

A tradição oral na escola: uma porta que se abre

A oralidade é parte vital e orgânica da cultura popular. A criança já entra na escola com seus ouvidos encantados por cantigas, canções de ninar, narrativas de lendas urbanas ou rurais, fábulas, provérbios, anedotas, entre tantas outras manifestações orais da cultura popular. Mesmo aquela que teve pouco acesso à modalidade escrita "absorve" parte da memória de sua comunidade. No que diz respeito à pluralidade cultural e à vida das crianças no Brasil, os *Parâmetros Curriculares Nacionais: pluralidade cultural e orientação sexual (1ª a 4ª série),* (Brasil, 1997b) destacam, entre os conteúdos que relacionam o tempo e a história com a cultura em sua pluralidade, a importância dos vínculos geracionais sociais e familiares, favorecidos nas práticas de "transmissão de contos tradicionais" (Brasil, 1997b, p. 49).

Portanto, o aluno não entra na escola como uma "folha em branco" a ser preenchida com os saberes do professor e da cultura letrada. Ele é, sim, um indivíduo em processo constante de constituição de subjetividade e conhecedor da língua materna tanto na modalidade falada como na escrita. Os saberes da cultura letrada a serem transmitidos oficialmente pela escola devem ser acrescentados em uma negociação que respeite os saberes de sua comunidade e de sua família. Para tanto, segundo os PCNs (Brasil, 1997b, p. 53-54), é fundamental que o alfabetizador conheça e valorize as

características populacionais da região da escola, com relação às influências culturais de povos nativos, afrodescendentes, permanências e levas imigratórias, emigratórias, migratórias, grupos tradicionais, valorizando a contribuição recebida de todos e de cada um dos diversos grupos.

Nesse ponto, é importante que o profissional de educação proporcione momentos e espaços que viabilizem negociações frutíferas entre os saberes escolares e os saberes dos alunos. Permitir que parlendas, adivinhas, trava-línguas, cantigas e contos permeiem o ambiente escolar é um ótimo começo, pois as crianças terão a oportunidade de receber essa herança cultural ao mesmo tempo que contribuem com a inserção de elementos por elas trazidos de seu convívio comunitário e familiar.

A tradição oral, tanto nos registros efetivados em obras da literatura infantil (como veremos no terceiro capítulo), quanto no repertório oral trazido para a escola pelas crianças e pelos demais agentes da educação, deve ser valorizada como conteúdo em seus mais diversos gêneros: "mitos, lendas, histórias, contos, causos, cordel; tradições orais" (Brasil, 1997b, p. 56). Quando vivenciamos as adivinhas, as quadrinhas, as histórias sem-fim, os contos, algumas crianças logo dizem: "Minha avó sabe...", remetendo a outra manifestação da tradição oral. Essas vivências são imprescindíveis para que se valorize a constituição de redes afetivas, cognitivas e linguísticas. O aluno deve ser visto pelo professor como agente social e produtor de cultura. Portanto, tratar da literatura e da tradição oral "de diferentes grupos étnicos e culturais, terá tanto um sentido de exploração de linguagem quanto de conhecimento de elementos ligados a diferentes tradições culturais" (Brasil, 1997b, p. 55). Desse modo as práticas sociais de letramento vinculadas à tradição oral contribuirão sobremaneira para a ampliação de códigos e universos linguísticos do aluno.

Além disso, ao pensarmos na participação do aluno como um ouvinte ativo que cria, transforma e produz as histórias por ele escutadas e lidas, verificamos o quanto a escola pode viabilizar esse espaço-tempo de aprendizagem e vivência. O ouvinte e o leitor ativos, também coprodutores dos textos escutados e lidos, saberão apreciar o momento das narrativas e das brincadeiras com a palavra a partir dos gêneros da tradição oral, percebendo o quanto a atenção é importante nesses momentos mágicos: que devem ter os ouvidos e os olhos atentos se quiserem ser parte das histórias contadas e lidas e das brincadeiras com a palavra que constituirão, com tantos outros gêneros textuais, as práticas de letramento promovidas em sala de aula. De acordo com os PCNs (Brasil, 1997b, p. 66):

> *É decisivo propiciar um ambiente respeitoso, acolhedor, que inclua a possibilidade de o aluno trazer para a sala de aula*

seu próprio repertório linguístico e cultural. Falas, costumes, saberes, tradições diversas que sejam trazidas pelos alunos comporão uma base para a ampliação de informações sobre outras culturas. Conhecer a si próprio, sua cultura, organizar esse conhecimento de forma que possa dar-se a conhecer, permitirá a integração entre o vivido e o aprendido.

Esses repertórios, construídos nas relações familiares e comunitárias trazem elementos culturais diferenciados: a cultura tradicional que o migrante nordestino traz para as cidades do Sudeste, a cultura do caboclo na região amazônica, dos imigrantes, dos afrodescendentes, etc. A valorização do patrimônio cultural do Brasil implica o reconhecimento da diversidade de padrões culturais que caracterizam a convivência social na escola.

Como e por que respeitar a 'fala' do aluno na sala de aula

É fácil perceber como é enorme o espaço ocupado pela fala no cotidiano das pessoas. Mas essa atividade humana, que certamente já foi a mais importante forma de comunicação em todas as sociedades, vem sendo redimensionada com a ascensão da escrita.

Ao folhearmos os livros didáticos de Português, podemos observar que, na maioria deles, a oralidade é abordada em meio a uma série de preconceitos mantidos, alimentados e disseminados há tempos. O mais comum deles consiste em vincular-se a norma padrão da língua à escrita, relegando à fala o lugar do erro. A discriminação linguística que nasce com esse preconceito tem se espalhado como uma poderosa engrenagem de exclusão, tanto nas salas de aula quanto nos mais diversos espaços sociais. Essa discriminação se torna parte de um complexo mecanismo de controle, segregação e estratificação social.

Os *Parâmetros Curriculares Nacionais: língua portuguesa (1ª a 4ª série)*, (Brasil, 1997a), na subseção "Que fala cabe à escola ensinar?", alertam o professor para os preconceitos presentes no simples ato de prestigiar um modo de falar e considerar qualquer outro modo como inferior ou errado, apontando para a necessidade de estabelecer esse respeito à diferença como parte do objetivo educacional e mostrando, ao mesmo tempo, que, para ensinar a nossa língua, é preciso se desvencilhar de duas crenças: a de que existe uma forma correta de falar (parecida com a escrita) e a de que a escrita é o reflexo da fala (levando-nos a considerar necessário corrigir a fala dos alunos para que eles escrevam bem). Essas crenças promovem uma mutilação cultural, pois, a cada vez que o professor despreza a 'fala' do aluno, ele indiretamente considera os membros de sua comunidade como incapazes, mostrando, dessa forma, o quanto ignora o fato de que a escrita não corresponde inteiramente a nenhuma das formas de falar vigentes.

Embora os PCNs apontem para novas possibilidades de abordagem da fala nas salas de aula e mesmo considerando que o currículo concebido esteja, de fato, respaldado nos PCNs, sabemos o quanto alguns preconceitos arraigados em nossa sociedade e na cultura escolar têm estabelecido (para a prática de ensino do professor no âmbito da sala de aula) concepções de língua, escrita e fala, e abordagens que reiteram e perpetuam mecanismos de exclusão linguística.

No que diz respeito a tais mecanismos de exclusão, veiculados por meio da discriminação linguística, Bortoni-Ricardo (2005, p. 14-15) afirma:

> *O comportamento linguístico é um indicador claro da estratificação social. Os grupos sociais são diferenciados pelo uso da língua. Em sociedades com histórica distribuição desigual de renda [...], as diferenças são acentuadas e tendem a se perpetuar. Pode-se afirmar que a distribuição injusta de bens culturais, principalmente das formas valorizadas de falar, é paralela à distribuição iníqua de bens materiais e de oportunidades. [...] No caso brasileiro, o ensino da língua culta à grande parcela da população que tem como língua materna - do lar e da vizinhança - variedades populares da língua tem pelo menos duas*

consequências desastrosas: não são respeitados os antecedentes culturais e linguísticos do educando, o que contribui para desenvolver nele um sentimento de insegurança, nem lhe é ensinada de forma eficiente a língua-padrão.

A discriminação às variedades linguísticas, efetivada nas salas de aula, consolida procedimentos de controle discursivos (Foucault, 2008) ao interditar e silenciar as vozes dos alunos e ao subalternizar os saberes dos seus grupos sociais; em outras palavras, ao constituir sujeitos que se consideram incapazes de proferir, por meio de sua fala não aceita, o discurso que materializa seu saber não compreendido.

Geraldi (2009) considera que a escola age como se a língua fosse estática e houvesse uma forma linguística correta, desvalorizando com preconceitos a modalidade oral e as variedades dialetais. Para o autor, é urgente a democratização da escola, pois alunos de classes populares falam e compreendem o mundo de uma maneira que não é aceita e não é compreendida pela escola. "Seus falares e saberes são 'capitais não rentáveis' nas escolas" (Geraldi, 2009, p. 54).

Para Soares (1985), de todas as aprendizagens escolares, é provavelmente no processo de alfabetização que a discriminação favorável às classes socioeconomicamente privilegiadas se dá de modo mais efetivo. Enquanto as crianças das classes privilegiadas se adaptam às exigências da escola, não apenas no que diz respeito aos usos e às funções da escrita, mas também no que concerne a uma maior familiaridade com a norma-padrão, as crianças das classes desfavorecidas têm suas práticas linguísticas "rejeitadas pela escola e, muito mais que isso, atribuídas a um *'deficit* linguístico'*, que seria acrescentado a um *'deficit* cultural'" (Soares, 1985, p. 23). O processo de alfabetização destas últimas é, portanto, afetado por esses preconceitos linguísticos e culturais, conduzindo-as ao fracasso escolar.

Em uma cultura *grafocêntrica* como a nossa, na qual a mitificação da escrita eleva esta modalidade a repositório do saber legítimo e do discurso da verdade, a democratização da alfabetização e do letramento dotaria as crianças das classes menos favorecidas de instrumentos necessários "à vivência e até mesmo à sobrevivência política, econômica, social" (Soares, 2008, p. 58).

Bortoni-Ricardo (2005, p. 15) complementa: "A escola não pode ignorar as diferenças sociolinguísticas. [...] O caminho para uma democracia é a distribuição justa de bens culturais, entre os quais a língua é o mais importante". Soares (2008, p. 58), considerando a alfabetização "um bem simbólico, um bem cultural, instância privilegiada e valorizada de prestígio e de poder", defende a sua democratização afirmando que ela deve ser reconhecida como importante *processo político*, "um instrumento na luta pela *conquista* da cidadania, [...] fator imprescindível ao *exercício* da cidadania" (Soares, 2008, p. 59).

Alfabetização, letramento e cidadania

Com o intuito de desmistificar e desmitificar as concepções inseridas no modelo autônomo de alfabetização e letramento a partir do qual se afirma que o analfabetismo é causa da exclusão da cidadania enquanto a alfabetização é fator imprescindível para sua conquista, Soares (2008) afirma que "tais concepções ocultam outras causas da exclusão da cidadania, tais como os mecanismos de alienação e opressão e a má distribuição tanto material como de direitos sociais, civis e políticos". A exclusão da ação e da participação políticas, sendo produto de tais desigualdades, está longe de ser consequência do analfabetismo. Analfabetismo e exclusão da cidadania são muito mais *co-ocorrentes*, como se pode observar ao atentar para o fato de que as taxas de fracasso, evasão, repetência e abandono escolar ocorrem ao lado de outras taxas que apontam para fatores distintos de exclusão, como as de baixos salários, desemprego, desnutrição, subnutrição, mortalidade, baixa expectativa de vida. Para contribuirmos com o exercício da cidadania, é imprescindível contextualizarmos a alfabetização dentro de um quadro mais abrangente dos determinantes políticos, sociais e econômicos da cidadania, vendo-a "como um meio, entre outros, de luta contra a discriminação e as injustiças sociais" (Soares, 2008, p. 56). Outro perigo de se adotar tais concepções sem se fazer o necessário questionamento da ideologia a elas subjacente está na falsa ideia de que o acesso à leitura e à escrita levará o povo à conquista da cidadania. Segundo a autora, a conquista da cidadania dá-se por meio da prática social e da prática política, bem como dos movimentos populares de reação e reivindicação como expressões da construção da cidadania que evidenciam a participação do povo por meio da luta por seus direitos políticos, sociais e civis, constituindo-se como cidadão.

Ao mesmo tempo, é preciso que lancemos esse mesmo olhar crítico para compreendermos a alfabetização como instrumento na luta pela conquista da cidadania. Para isso, faz-se necessário "situar a alfabetização no tempo histórico e no espaço social em que ocorre ou deve ocorrer" (Soares, 2008, p. 57) rompendo com a ideia de que corresponda à aprendizagem de uma técnica neutra e intrinsecamente boa e com o pressuposto de que o analfabetismo é uma praga a ser erradicada (modelo autônomo). É importante observarmos a alfabetização como prática ideológica cujo valor e importância dependem diretamente dos usos e funções a ela atribuídos no contexto social, como afirma Soares (2008, p. 58):

Assim, enquanto a posse e o uso plenos da leitura e da escrita sejam privilégio de determinadas classes e categorias sociais – como têm sido –, elas assumem papel de arma para o exercício

> *do poder, para a legitimação da dominação econômica, social, cultural, instrumentos de discriminação e de exclusão. [...] Em síntese, não há, em sociedades grafocêntricas, possibilidade de cidadania sem o amplo acesso de todos à leitura e à escrita, quer em seu papel funcional – como instrumentos imprescindíveis à vida social, política e profissional – quer em seu uso cultural – como forma de prazer e de lazer.*

A alfabetização, muito além de ser a aquisição de uma "técnica", é um processo político que deve ser inserido em um objetivo maior na luta contra as exclusões e discriminações: o "da construção de uma sociedade mais justa e da constituição de uma identidade política e cultural para o conjunto do povo brasileiro" (Soares, 2008, p. 59).

Portanto, não basta ensinar a ler; é imprescindível que se dê acesso à leitura. Cabe ao próprio povo, e em específico aos alfabetizadores, de um lado desvelar o sentido ideológico politicamente distorcido dos programas de leitura, de outro desbravar caminhos para que o processo de aquisição da escrita esteja vinculado à produção de sentido e ao olhar crítico, possibilitando ao alfabetizando a conquista e o exercício da cidadania. A alfabetização, para Paulo Freire, só tem sentido se ela é decorrente de uma reflexão do homem sobre sua própria capacidade de refletir: "Sobre sua posição no mundo. Sobre o mundo mesmo. Sobre o seu trabalho. Sobre seu poder de transformar o mundo. Sobre o encontro das consciências" (Freire, 2008, p. 150).

Uma abordagem crítica e consciente da fala em sala de aula pode constituir, dessa forma, um dos tantos caminhos de resgate da cidadania e do desenvolvimento de uma nova noção de comunidade em que as diferenças convivam e possam ser traduzidas e compreendidas sem necessitarmos relegar o outro ao lugar do erro.

Quem sabe assim estaremos preparando: sujeitos que se sintam capazes por se saberem pertencentes a comunidades formadas por pessoas reconhecidas como capazes; adultos livres dos bloqueios da discriminação linguística que os impediriam de se expressar por meio da própria fala e, consequentemente, de aprender os falares de outros grupos sociais; pessoas poliglotas em sua língua que desenvolvam, por meio da partilha de experiências, a esquecida arte de conviver em grupo, transitando com respeito por entre as tantas comunidades de saberes.

A importância da fala do aluno no processo de alfabetização e letramento

A partir de Terzi (1995), consideramos que a distância entre a oralidade das crianças de meios iletrados e a escrita ensinada na escola deve ser rompida prioritariamente por meio do uso de paráfrases das leituras praticadas em sala de aula, de modo que, utilizando-se a fala cotidiana dos alunos, tais paráfrases lhes favoreçam produzir sentido a partir do texto.

Frequentemente, a escrita dos textos usados em sala de aula é concebida por crianças provenientes de meios iletrados como um objeto um tanto distinto da oralidade de sua fala cotidiana. O texto escrito é, para elas, um "conjunto de 'palavras' cujo significado não interessa, a leitura é vista como apenas decodificação dessas 'palavras' e compreender o texto nada mais é que usar a estratégia de pareamento e mecanicamente localizar a resposta" (Terzi, 1995, p. 103-104), o que se dá em razão de as perguntas sobre os textos escritos trazerem geralmente, em si, pistas para as respostas não significativas dos alunos.

Na pesquisa apresentada por Terzi (1995, p. 113), "a oralidade e a escrita passam a ser vistas como duas maneiras de significar, e a maneira já conhecida torna-se ponto de referência para a compreensão da maneira ainda desconhecida". A modalidade escrita, portanto, passa a ser percebida em um "contínuo comunicativo do qual a oralidade é parte constitutiva e transformadora" (Terzi, 1995, p. 113). É fundamental que o professor se dê conta de que a experiência da oralidade influencia e permeia todo o processo de aprendizagem da leitura e da escrita.

Daí a importância de se permitir ao aluno o uso de sua fala cotidiana e, ao mesmo tempo, de garantir o respeito a sua expressão oral a fim de favorecer a produção de sentidos a partir da escrita e a expressão do aluno sobre os textos lidos. Desse modo, o professor possibilitará que o aluno retome o processo comunicativo com o docente, bloqueado grande parte das vezes em decorrência de preconceitos linguísticos e culturais propagados e perpetuados pela cultura escolar, e ao mesmo tempo possibilitará ao aluno a identificação no texto de palavras por ele já conhecidas.

Resumidamente, a partir da leitura efetivada pelo aluno, o adulto buscará apresentar aspectos significativos e temáticos do texto construindo, para isso, paráfrases orientadas e pequenos resumos em uma fala próxima à fala cotidiana do aluno, de modo que lhe seja permitida a produção de sentido a partir do texto com base em seu conhecimento linguístico prévio. O adulto, portanto, enquanto auxilia na análise da escrita, busca orientar o educando relacionando simultaneamente "esta análise à atribuição de sentido ao texto" (Terzi, 1995, p. 109). A interpretação do texto lido se dará, por fim, a partir de paráfrases construídas pelo próprio aluno por meio da língua oral que constitui sua experiência linguística prévia. Desse modo se fará possível a compreensão do texto escrito por meio da produção de sentido.

Por uma
ação reflexiva

A seguir, apresentaremos ações práticas que podem favorecer a aplicação dos fundamentos até então defendidos. No entanto, é importante que estas práticas se deem como ações reflexivas. Com esse intuito, trazemos à tona questionamentos a serem levantados pelo professor em suas ações de sala de aula: em que níveis podemos perceber a carência de abordagens críticas sobre a fala nas nossas práticas de sala de aula? Quais são os benefícios que o respeito à fala dos alunos no espaço escolar pode proporcionar aos sujeitos em formação e a nossa sociedade? Como professor, de que modo tenho respeitado e possibilitado o uso da fala cotidiana do aluno como instrumento e suporte não apenas viável, mas imprescindível, no processo de aprendizagem da escrita?

Proposta prática:
alfabetizar letrando com provérbios e fábulas

Provérbios

Os provérbios, também conhecidos no Brasil como "frases feitas, adágios, rifões, exemplos, sentenças, ditados, anexins, aforismos, apotegmas, máximas" (Cascudo, 1984, p. 75), constituem um gênero da tradição oral que representa em frases curtas a sabedoria popular e o conselho dos antigos.

Embora aparentemente ingênuos, os provérbios caracterizam-se tanto pela figuração da linguagem quanto pelo "conteúdo ideológico [...] fruto da cultura de quem o cria e de quem o ouve" (Gomes; Ferreira, 2003, p. 22). Isso permite abordagens em sala de aula que apontam tanto para as possibilidades de produção de sentido a partir das metáforas comumente presentes nos ditos, quanto para a análise discursiva, conduzindo os alunos a refletirem sobre o teor cultural e ideológico deles, como nos sugerem Gomes e Ferreira (2003) e propomos na atividade seguinte:

A turma será dividida em grupos e cada aluno receberá uma lista de provérbios para que busque, em grupo, produzir sentidos viáveis a cada ditado. De acordo com o nível de alfabetização e de maturidade da turma, o professor optará por ler cada dito por vez em voz alta com os alunos ou por deixar que façam a leitura em grupo para, a partir da leitura, propor um debate com a turma. A prática do debate sob mediação do professor, como preconizam Farias *et al.* (2009, p. 139-140), far-se-á de modo a prezar-se por respeitar e reconhecer pontos de vista diferentes e pelo desenvolvimento da independência, da autonomia e do controle do tempo por parte do aluno. Durante o debate, o professor, respeitando a fala cotidiana dos alunos, buscará por meio de paráfrases priorizar a experiência linguística prévia dos educandos, explicando os sentidos viáveis e socialmente produzidos no uso cotidiano de cada um dos provérbios apresentados.

A partir da análise de significados e sentidos evocados, sugerimos que o professor destaque o aspecto ideológico e interdiscursivo dos ditados. Por exemplo, pode ser analisado o provérbio: "Tempo é dinheiro" não apenas em seu significado imediato (por exemplo: "O desperdício de tempo acarreta menos trabalho e consequentemente prejuízo financeiro"; ou "O tempo bem empregado pode render ganhos"), mas também em seu aspecto discursivo, que aponta para o mecanismo de coerção para o trabalho nos moldes capitalistas de angariar lucro a todo custo. É importante observar que, em outras sociedades, esse provérbio não existiria, por nelas haver outras relações com o tempo e com o trabalho.

Os provérbios: "Quem anda com porco come farelo" e "Passarinho que dorme com morcego amanhece de cabeça para baixo" remetem, ambos, de maneira metafórica, ao ditado: "Diz-me com quem andas e direi quem tu és", retratando verdades do senso comum.

Os ditados populares: "Papagaio come milho, periquito leva a fama" e "A corda sempre arrebenta do lado do mais fraco", conduzindo-nos à máxima: "O justo paga pelo injusto", alertam sobre as injustiças sociais, políticas e econômicas e as desigualdades e os abusos de poder presentes em nossa sociedade, na qual os menos privilegiados socioeconomicamente estão sujeitos a pagar pelas consequências de atos dos mais poderosos.

"É de pequenino que se torce o pepino" e "Cavalo velho não pega marcha", por um lado, podem ressaltar a importância de se investir no processo educacional na infância, preocupação respaldada na psicologia da aprendizagem (defendida por nós no que tange à importância das práticas de letramento

 desde a mais tenra infância). Por outro lado, tais ditados podem e devem ser questionados por trazerem implícito o discurso determinista que pressupõe a efetividade da aprendizagem apenas até determinada idade e perpetua preconceitos com relação à educação de jovens e adultos.

O provérbio: "Quem tem telhado de vidro não atira pedra no telhado do vizinho" traz como interdiscurso a máxima cristã: "Quem nunca pecou atire a primeira pedra". "Macaco só vê o rabo do outro" e "Macaco ri do rabo da cutia e não olha o seu" trazem por interdiscurso o provérbio cristão: "Vês um cisco no olho do teu vizinho e não vês a trave em teu olho".

Os ditados populares: "Filho de peixe peixinho é", "Tal pai, tal filho", "Cavaco não cai longe do pau" e "Pau que nasce torto morre torto" são atravessados por um discurso determinista e por uma concepção inatista do desenvolvimento humano: aquilo que o indivíduo será já se encontra nele de forma inata. Os três primeiros provérbios também são utilizados em dados contextos para indicar, de modo afetivo, semelhanças entre familiares, portanto, nem sempre estão vinculados ao discurso determinista ou inatista.

Alguns provérbios refletem a experiência transmitida e perpetuada pelo senso comum e podem ser interpretados em seus significados, como: "Quem não deve não teme"; "Pimenta nos olhos dos outros é refresco"; "Não deixe para amanhã o que você pode fazer hoje"; "Devagar se vai ao longe"; "Quem brinca com fogo pode se queimar"; "Água mole em pedra dura, tanto bate até que fura"; "Em boca fechada não entra mosca"; "Casa de ferreiro, espeto de pau"; "O que os olhos não veem o coração não sente", entre inúmeros outros.

Enquanto estiverem sendo debatidos em seus significados e analisados em seus aspectos ideológico e interdiscursivo, os provérbios podem e devem ser contestados e questionados nas verdades por eles propagadas e nas instâncias de poder por meio deles perpetuadas. Nesse ponto, é fundamental ao professor estar atento a provérbios que poderão vir à tona durante a atividade e que, para além de veicularem preconceitos éticos e morais contra grupos e identidades culturais e sociais, ferem e violam leis de defesa e proteção de tais grupos. Nesse ponto, é possível identificar (usando para isso linguagem próxima à dos alunos) mecanismos históricos, culturais, econômicos e sociais perpetuadores e disseminadores de tais provérbios que propagam preconceitos raciais, étnicos e culturais contra negros, indígenas, nordestinos, nortistas, camponeses, judeus, entre outros povos e grupos sociais; preconceitos de gênero contra mulheres, homossexuais e outros mais.

Conduzir os alunos ao reconhecimento do caráter provisório dos preconceitos pautados em verdades aceitas por séculos a fio é contribuir com a conscientização e a abertura de suas mentes a mudanças pautadas na ética e no respeito ao outro. Portanto, reconhecer que novos ditados surgem e surgirão enquanto outros caducam e deixam de ser usados é imprescindível para o aluno perceber o quanto o processo histórico é algo em permanente movimento e, desse modo, reconhecer-se como sujeito e agente de tal processo com poder de permitir ou impedir a propagação de preconceitos por meio de suas palavras e em seus diálogos cotidianos.

Certa ocasião, realizando oficinas de leitura com uma turma do 3º ano, tivemos a oportunidade de colocar em prática essas ações ao nos depararmos com um provérbio que, perpetuando um preconceito de gênero contra a mulher, muito incomodava a aluna que o levou para a atividade: "Lugar de mulher é na cozinha". Ela apresentou o ditado popular dizendo: "Meu tio fala assim, mas minha mãe não gosta quando ele fala e sempre briga com ele. Eu também não gosto e queria saber se esse ditado é certo".

Colocamos o tema em debate lançando a seguinte questão: "Quais são os outros lugares ocupados pela mulher em nosso mundo?" O tema deu o que falar. Foram enumeradas atividades profissionais e funções políticas das mais diversas, foi citada inclusive a presidenta do Brasil, então recém-eleita. Em meio à conversa, outro ditado de temática semelhante surgiu: "Mulher no volante, perigo constante". A professora da turma aproveitou a ocasião para dizer que, embora dirigisse há muitos anos, nunca havia provocado um acidente. Depois citou pesquisas que comprovam que a maioria dos acidentes é provocada por homens ao volante.

Conversamos com as crianças sobre as verdades provisórias e questionáveis dos provérbios, explicando-lhes que uma coisa considerada verdade em determinada época pode deixar de ser em outra época. Também falamos sobre as discriminações presentes em alguns provérbios (utilizando sempre uma linguagem próxima à das crianças). Por fim, propusemos aos alunos a criação de inversões dos ditados: "Lugar de mulher é na cozinha" e "Mulher no volante, perigo constante". Depois de várias ideias surgidas, a turma, sob a orientação da professora, chegou ao consenso sobre as seguintes versões: "Lugar de mulher é no governo" e "Mulher no volante, preconceito constante".

Voltemos, pois, depois desse breve relato, à nossa atividade: após realizado o debate, terá início sua segunda fase, na qual cada aluno escolherá um provérbio e o escreverá em uma folha, seguido de seu significado. Esse trabalho será feito com auxílio do professor, que permitirá a presença de marcas de oralidade da fala cotidiana do aluno nesses escritos.

Depois de registrados, os escritos serão lidos pelo professor que, ainda respeitando as marcas de oralidade, prezará por detectar a produção de sentido por parte dos alunos, feita a partir de sua fala cotidiana. De certo modo, isso atestará sua compreensão do provérbio, pois, utilizando as marcas de oralidade de sua experiência linguística prévia, os alunos farão uso da escrita não como pseudolinguagem sem significado, fato que se daria caso utilizassem uma escrita formal por eles ainda não compreendida (Terzi, 1995, p. 104).

Mais adiante, esses escritos serão retomados pelos alunos para a realização de uma autocorreção orientada, de modo a conduzi-los à compreensão de que a escrita com marcas da fala cotidiana pode se adequar a um bilhete, a um *post*, a um torpedo, mas não a alguns outros gêneros do discurso. Por exemplo, a reelaboração da escrita poderá ser feita visando a produção coletiva de um livro de provérbios feito pela turma.

A readequação será orientada pelo professor enquanto este, gradativamente, auxilia individualmente o aluno no processo de alfabetização e nas correções ortográficas e gramaticais. Essa reelaboração deve ser compreendida pelo aluno e pelo professor como uma paráfrase do texto inicialmente escrito. Os significados dos provérbios serão, por fim, registrados em seu formato final (podendo ser tanto manuscritos como digitados para posterior impressão) e em seguida reunidos em um só volume. Caso alguns ditos tenham sido escolhidos por vários alunos, cada um deles reelaborará sua definição individualmente que será disposta concomitantemente aos textos sobre o mesmo provérbio feitos pelos colegas.

Fábulas

As fábulas, presentes na classificação de Cascudo (2004) entre os contos de animais, são classicamente definidas como contos com animais ou seres inanimados personificados como personagens e que apresentam, por fim, uma lição de moral.

Na civilização ocidental, é atribuída a Esopo, escritor da Grécia Antiga, a engenhosa ideia de instruir os homens e incutir-lhes princípios de moral por meio da narração de fábulas. Presume-se que Esopo tenha colhido os motivos de suas fábulas no Oriente, por causa da ligação comercial que o reino da Lídia (Grécia Antiga), no qual vivia Esopo, mantinha com os assírios.

As fábulas atribuídas a Esopo encontram-se esparsas em diversas obras desde a Antiguidade, como as de Archiloco, Alceu, Stesichoro, Aristóteles, Platão, Diodoro, Plutarco e Luciano, até os dias atuais, tendo sido estudadas, contadas, adaptadas e sempre identificadas como *Fábulas de Esopo,* embora seja provável que ele nunca as tenha escrito.

Outro escritor citado como um dos marcos na trajetória das fábulas no ocidente é o escritor francês Jean de La Fontaine, que no século XVII recolheu histórias de outros fabulistas, além de ter criado as próprias fábulas, escrevendo-as em verso. La Fontaine contava as suas fábulas nos salões da corte do rei Luís XIV, criticando, por vezes, o comportamento de políticos e nobres do seu tempo.

Assim como os provérbios, as fábulas também podem ser vistas como um gênero da tradição oral de caráter metafórico e normativo exemplar ou moralista. No entanto, enquanto os primeiros se apresentam na forma de frases curtas, estas são constituídas em narrativas, podendo ou não apresentar uma frase final que sintetize a moral por ela veiculada.

Em um primeiro momento, o professor apresentará algumas fábulas aos alunos (lidas em voz alta enquanto as crianças acompanham a leitura em uma folha com o texto impresso, ou em *data show*). Na ocasião da leitura em voz alta, sempre que considerar necessário, ele favorecerá a construção de sentido por meio de paráfrases elaboradas a partir de cada trecho lido, utilizando-se para isso de uma fala próxima à dos alunos (o que favorecerá sua produção de sentido). Por fim, fará um resumo da fábula para as crianças, também priorizando a experiência linguística cotidiana destas (Terzi, 1995).

Nesse momento, pode-se atentar para a semelhança entre as fábulas e os provérbios e mesmo para a aproximação existente entre determinadas fábulas e certos ditados populares. A partir da leitura das fábulas seguintes, por exemplo, os alunos poderão ser instigados a buscar provérbios que as resumam.

A raposa e as uvas

A raposa caminhava pela estrada quando avistou em uma parreira um cacho de uvas maduras. Pulou, saltou, fez de tudo para pegá-lo, mas por nada conseguiu. Exausta, saiu resmungando:

- Eu nem queria essas uvas mesmo. Estão verdes.

Moral: *Algumas pessoas são assim, quando não conseguem o que querem, dizem que, no fundo, não queriam.*

Em seguida, pode-se perguntar se alguém conhece um ditado que dialogue com a história. Há um provérbio muito conhecido pertinente à situação narrada pela fábula: "Quem desdenha quer comprar".

Algumas fábulas (como "A Cigarra e a Formiga") podem ser analisadas e questionadas a partir de seu contexto de produção, observando-se os valores nelas presentes e buscando-se compreender que, tal como os provérbios, as fábulas constituem discursos vinculados a ideologias e por isso também podem veicular preconceitos.

A rã querendo competir em tamanho com o boi

Certa rã que um boi bispara[3],
Achou-lhe bela a estatura;
Tendo o volume de um ovo,
Quis crescer do boi à altura.

Já se estende, invejosa;
Incha, espreme-se assoprando,
E sobre seu crescimento
Vai a irmã interpelando:

RÃ:
– Estou grande, como o bicho?
– Nem de longe – Agora, irmã?
– Qual o quê! – Cheguei ao ponto?
– Nada. Não passas de rã.

E tanto inchou a coitada,
Que arrebentou a final.
Por esse mundo de Cristo
Há muita gente que tal.

- - - - - -

Pretendendo imitar o fidalgo,
O plebeu quer palácios erguer;
Quer um principezinho embaixadas;
O Marquês muitos pajens quer ter (Sousa, 1886, p. 4-5).

---

3 - Avistara (N.A.).

A fábula, escrita pelo Barão de Paranapiacaba no Período Imperial, perpetua a divisão de classes, remetendo-nos ao provérbio "Quem nasceu pra lagartixa nunca chega a jacaré" ao sugerir aos menos privilegiados o conformismo: "Coloque-se no seu lugar". A partir dessa fábula, pode-se conversar sobre a atualidade do tema: em que aspectos ela ainda se faz presente em nossa sociedade?

A Raposa e a Cegonha

Avarenta que só, comadre Raposa convidou comadre Cegonha para jantar em sua casa.

Ao chegar à casa de Raposa, Cegonha sentiu o cheiro delicioso do pirão que seria servido na refeição. Mas o caldo foi servido em dois pratos rasos. Assim, enquanto Raposa se fartava bebendo com a língua, Cegonha só fazia bicar sem sucesso o fundo do prato, sem sorver ao menos uma gota.

Ao fim do banquete, Raposa quis saber:

– E então, comadre Cegonha, o que achou do jantar?

Cegonha respondeu:

– O cheiro estava delicioso.

Ofendida e sem jeito, Cegonha saiu. E como desforra, dias depois convidou dona Raposa ao ninho em que morava, prometendo um jantar em retribuição.

Raposa, sempre gulosa, aceitou de pronto e pensou logo em se dar bem.

Ao chegar à casa de Cegonha, Raposa sentiu o delicioso cheiro de carne da saborosa iguaria que Cegonha preparava.

E, enquanto esperava à mesa, viu o caldo de carne ser servido em garrafas de bico longo e comprido.

Cegonha ofereceu a Raposa:

- Coma à vontade, comadre Raposa, assim como comi o seu jantar.

Raposa tentou de todo jeito. Esticou a língua como pôde, mas não alcançou o gostoso caldo. Enquanto Cegonha, com seu bico fino, bebeu tudo até o fim.

Moral: *Não faça aos outros o que não quer que façam a você.*

Bia Bedran (1997), em seu CD *Bia canta e conta*, apresenta, ao fim de sua narração da fábula "A Raposa e a Cegonha", o ditado popular: "Quem com ferro fere, com ferro será ferido". Poderíamos citar ainda os provérbios: "Aqui se faz, aqui se paga" e "Quem semeia vento, colhe tempestade".

Podem ser lidas em sala de aula muitas outras entre as tantas fábulas de Esopo e de La Fontaine, sempre buscando resumi--las em frases curtas proverbiais. Sugerimos ainda que se trabalhe com fábulas pertencentes a outras tradições culturais, como as fábulas africanas, que poderão ser encontradas, por exemplo, nos livros: *O papagaio que não gostava de mentiras e outras fábulas africanas,* de Adilson Martins, publicado pela Pallas Editora; *Contos africanos para crianças brasileiras, Karingana wa Karingana: histórias que me contaram em Moçambique* e *Outros contos africanos para crianças brasileiras*, de Rogério Andrade Barbosa, publicados pela Paulinas Editorial, ou os livros da Coleção Bichos da África, do mesmo autor, publicados pela Editora Melhoramentos; as fábulas orientais, como a fábula russa registrada por Leon Tolstoi e recontada por Tatiana Belinky no livro *Aparências enganam,* publicado pela Cortez Editora; a fábula japonesa O *noivo da Ratinha,* de Lúcia Hiratsuka, publicado pela Editora Larrousse; entre as fábulas indígenas ou morandubas, destacamos os livros: *Ao pé das fogueiras acesas*, de Elias José, publicado pela Paulinas Editorial; *As fabulosas fábulas de Iauaretê,* de Kaká Werá Jecupé, publicado pela Editora Peirópolis, e *Morandubetá: fábulas indígenas,* de Heitor Luiz Murat, publicado pela Editora Lê.

Depois de lidas em voz alta e relacionadas a ditos populares, as fábulas serão escritas pelos alunos, sob a orientação do professor, utilizando-se para isso de suas próprias palavras (cada criança escolhe a fábula de sua preferência). Em seguida, a fábula será reelaborada em um processo gradativo de autocorreção orientada como descrita na atividade anterior, para ser posteriormente exposta em um mural ou *blog* da turma.

Livros sugeridos para ações literárias

As fabulosas fábulas de Iauaretê
• Kaká Werá Jecupé
• Ilustrações: Sawara
• Editora Peirópolis
O livro narra as aventuras da onça Iauaretê em fábulas que falam de medo, coragem, dúvida, amor, morte, paz, oportunidade, erros e acertos que enfrentamos na vida.

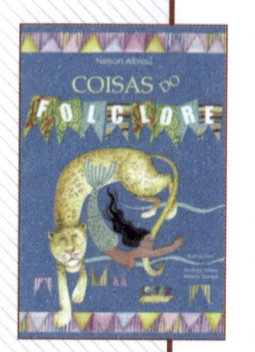

Coisas do folclore
• Nelson Albissú
• Ilustrações: Andrea de Paula Xavier Vilela e Mirella Spinelli
• Cortez Editora
O livro constrói um painel de nossa cultura, reunindo uma coletânea de contos, lendas, adivinhas, parlendas, trava-línguas, danças, brincadeiras, ditados, frases de para-choques, superstições, simpatias.

Contos africanos para crianças brasileiras

• Rogério Andrade Barbosa
• Ilustrações: Mauricio Veneza
• Paulinas Editorial

Pesquisas do autor sobre o universo da literatura tradicional africana renderam estas duas fábulas africanas: uma sobre a eterna luta entre o gato e o rato, outra sobre a origem das rachaduras do casco do jabuti.

Moral da história... fábulas de Esopo

• Rosane Pamplona
• Ilustrações: Eugenia Nobati
• Editora Elementar

As fábulas atribuídas a Esopo atravessaram séculos e milênios sem perder sua atualidade. Elas nos permitem compreender melhor o mundo em que vivemos e até hoje nos surpreendem com sua sabedoria!

Armazém do folclore

• Ricardo Azevedo
• Editora Ática

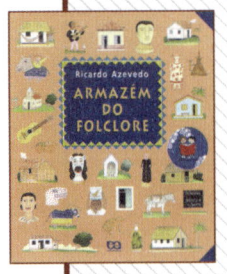

Com linguagem transparente e iconografia de rara beleza, o livro reúne contos, ditados, quadras, brincadeiras com palavras, monstrengos, receitas, adivinhas e outras manifestações da cultura do povo brasileiro.

Para além da sala de aula:
teatro fabuloso

Sugerimos ainda a criação coletiva de uma fábula com base em um provérbio, utilizando-se o recurso de personificação de animais ou objetos inanimados com base em aspectos do comportamento humano.

A partir de um ditado popular escolhido pela turma, a fábula será criada coletivamente, escrita e transformada (sob a orientação do professor) em texto dramatúrgico (teatral), com as falas e indicações de cenário, posicionamento e expressividade. Depois de pronto, o texto será ensaiado e apresentado pelos alunos em forma de teatro. É importante atentarmos para o fato de que nem todas as crianças precisam ser atores na peça. A elaboração teatral é uma atividade ampla que envolve cenógrafos, sonoplastas, contrarregras, maquiadores, figurinistas, divulgadores (responsáveis pela divulgação na escola, oralmente e por meio de cartazes e folhetos). Desse modo, as diversas habilidades poderão ser valorizadas. Por fim, a peça será apresentada às outras turmas e aos demais convidados no auditório, no pátio, na biblioteca ou em outro local da escola propício a sua encenação.

Para conhecer mais

ESOPO. *Fábulas completas*. Tradução, introdução e notas: Neide Cupertino de Castro Smolka. São Paulo: Moderna, 1994.

KLEIMAN, Angela B. (Org.). *Os significados do letramento*: uma nova perspectiva sobre a prática social da escrita. Campinas: Mercado das Letras, 1995.

MARTINS, Adilson. *O papagaio que não gostava de mentiras e outras fábulas africanas*. Ilustrações: Luciana Justiniani Hees. Rio de Janeiro: Pallas, 2008.

MURAT, Heitor Luiz. *Morandubetá*: fábulas indígenas. Ilustrações: Cláudio Martins. Belo Horizonte: Lê, 1998.

PINTO, Ciça Alves. *Livro dos provérbios, ditados, ditos populares e anexins*. São Paulo: Senac-São Paulo, 2000.

↘ **CAPÍTULO 2**

Tradição oral, alfabetização e letramento

Parlendas, quadrinhas e cantigas: por um letramento lúdico

O ideal seria alfabetizar letrando, ou seja: ensinar a ler e escrever no contexto das práticas sociais da leitura e da escrita, de modo que o indivíduo se tornasse, ao mesmo tempo, alfabetizado e letrado (Soares, 2005, p. 47).

Contadores e professores: entre o lúdico e o pedagógico

Como vimos no capítulo anterior, favorecer a continuidade e o enriquecimento do universo de simbolizações da criança, iniciado em suas vivências familiares e comunitárias pode auxiliá-las no processo de alfabetização e letramento. Ao ouvir narrativas, parlendas, quadrinhas, adivinhas, fábulas e canções, a criança constitui imagens a partir da oralidade presente em expressões, ritmos, melodias, entonações, gestos, olhares e interações humanas.

A internalização discursiva dos textos escutados e a identificação dos diversos recursos da modalidade oral contribuirão para a constituição de uma memória discursiva que favorecerá a identificação de mecanismos de interdiscursividade em leituras posteriores, bem como seu uso em futuras produções escritas. Aprender a ler é também constituir redes discursivas, inter-relacionando textos escutados e lidos, aprendizados anteriores e experiências prévias. Nesse aspecto, professor e contador de histórias podem desempenhar papéis complementares ao trabalhar com os gêneros da tradição oral com as crianças.

A relação do professor com a tradição oral atrela-se de certo modo ao processo de ensino e aprendizado escolar, o que faz com que os textos e as narrativas orais tendam a se associar a esse processo. No entanto, é importante atentarmos para o fato de que "o letramento também se faz por meio da oralidade" (Busatto, 2010, p. 7), à medida que se valoriza o que a criança aprendeu "de ouvido" antes de entrar para a escola e se reforça a importância da cultura oral no processo de aprendizagem, como defendido e fundamentado no capítulo precedente.

Para o contador de histórias (seja ele o narrador profissional que desempenha sua função em dado momento no espaço escolar, seja o profissional de educação que pratica essa arte milenar de perpetuação da tradição oral), o aspecto mais importante será o lúdico. No contador manifesta-se a alegria de saber brincar como uma criança; de gostar de gargalhar, confundir-se, aventurar-se, soltar-se para o imprevisível; de "retorcer a língua", brincando criativamente com sons que se parecem e se confundem; de se deixar admirar e encantar pelas e com as palavras em toda a sua intensidade afetiva e emocional, provindas desse jogo sonoro e gestual.

Como escritores, contamos e recontamos as histórias de que gostamos não apenas por serem "boas", mas porque em algum momento essas histórias nos invadiram, perpassaram-nos, tocaram-nos. O mesmo parece haver ocorrido com as crianças que pedem para repetirmos incessantemente determinadas histórias.

Nesse contexto, convém lembrarmos que também devemos escutar a fala das crianças; em outras palavras, os textos por elas produzidos e conosco compartilhados. Ouvir suas respostas, suas perguntas, suas criações, suas elabora-  ções, suas invenções, suas concatenações. Atentar para aquilo a que nos remetem suas falas, para seus interdiscursos, para as experiências prévias enredadas em seus comentários, e que tecem uma trama polifônica de coletividade e interação textual pulsante e presente.

Ainda no que tange aos vínculos entre pedagógico e lúdico inerentes ao trabalho com tradição oral na escola, sabemos que o professor tem um tempo exíguo em virtude dos projetos e dos requisitos curriculares e formais que precisa realizar e cumprir. Esse fator pode, à primeira vista, dificultar a constituição de condições propícias para a contação de histórias, para o momento de brincar com as palavras. No entanto, essa dificuldade pode ser vista pelo educador como um favorável desafio, o desafio de constituir tais condições justamente a partir daquilo que se tem em mão, levando-se em consideração que estamos inseridos em uma dada cultura escolar (que, para além de traços herdados de outros tempos, apresenta caracteres próprios do nosso mundo atual, o mundo da informação, dos estímulos visuais, das metas, do tempo cronometrado, da aceleração, da globalização, da diversidade).

Ademais, a criação desses momentos de prazer e fruição dedicados à tradição oral pode e deve ser vista como importante recurso para o processo de alfabetização e como práticas de letramento, que serão favorecidos à medida que os alunos se familiarizarem com a narração oral intercalada à leitura em voz alta de coletas e registros da tradição oral presentes em obras da literatura infantil, feita nos momentos em que todos possam participar coletivamente e ativamente. A leitura em voz alta possibilita a assimilação de vários elementos inerentes à tradição oral, pelo fato de muitos autores haverem "bebido" da fonte da oralidade (todos de um modo ou de outro beberam, no entanto a expressam de modo mais ou menos evidente em seus textos escritos), e haverem se deixado invadir pela fluidez dos registros, dos saberes, das tradições e dos falares populares, retextualizando alguns desses elementos na modalidade escrita.

Brincando com a palavra: por um letramento lúdico

Os usos e as funções sociais da leitura e da escrita não podem ser desconsiderados pela escola, pois o indivíduo aprende a ler e escrever ao inteirar-se e apropriar-se dessas funções e usos. Portanto, para que o aluno descubra as funções da língua escrita – registrar, transmitir, obter conhecimentos, comunicar ideias, fatos e sentimentos, divertir –, é preciso que seus usos sejam feitos a partir de suas finalidades sociais e de suas funções e usos cotidianos.

De acordo com Soares (2005), é necessário "letrar" ao alfabetizar, ou seja, trabalhar em sala de aula o processo de alfabetização a partir dos usos e funções sociais da leitura e da escrita. Portanto, ao reconhecermos a ludicidade como atividade social presente de modo incontestável na infância e inerente a certos gêneros da tradição oral, consideramos que as "brincadeiras com a palavra" em seu uso social favorecem a entrada da criança no universo textual. Cabe, portanto, ao professor experimentar os gêneros textuais lúdicos.

Nas palavras de Morin (2002, p. 89-90), o homem não é apenas *homo faber*, 'um fabricador de instrumentos', é também *homo ludens*, 'um ser lúdico', pois o sentimento lúdico nos acompanha por toda a vida; o homem não é apenas *homo economicus*, mas também *homo mythologicus*, pois vivemos de mitologia, sonhos, imaginário.

No que diz respeito à ludicidade na faixa etária infantil, a brincadeira é a forma própria de a criança dar sentido ao mundo. Ela é mediadora da relação criança/mundo. Por tal razão, propomos, neste capítulo, atividades com gêneros da tradição oral de caráter inerentemente lúdico que poderão despertar o interesse da criança pela leitura e pela escrita, pois, ao brincar, a criança expressa suas emoções e suas necessidades, utilizando sua sensibilidade e seu intelecto. Sugerimos, desse modo, que se busque fazer da leitura uma prática que cultive o desejo e o prazer de ler, como sugere Geraldi (2009), reconhecendo a urgência e a importância de se recuperar para dentro da escola tanto o prazer, em si, quanto o prazer de ler, ambos historicamente abolidos do ambiente escolar (Fonseca; Geraldi, 2006).

Entre os gêneros textuais considerados adequados para o trabalho com a linguagem escrita nos primeiros anos do Ensino Fundamental enumerados nos *Parâmetros Curriculares Nacionais*: *língua portuguesa (1ª a 4ª série)* (Brasil, 1997a), encontramos a maioria dos gêneros da tradição oral por nós escolhidos para figurarem neste livro, como: mitos e lendas populares, contos (de fadas, de assombração etc.), fábulas, quadrinhas, adivinhas, parlendas, canções, trava-línguas.

Entre os gêneros da tradição oral supracitados, selecionamos para este capítulo as parlendas, as quadrinhas e as cantigas por se apresentarem como recursos favoráveis à prática do "letramento lúdico", ou seja, práticas de letramento que de um modo prazeroso contribuam com a introdução da criança no mundo da escrita. Nossa escolha se justifica pelo fato de a convivência com parlendas, as quadrinhas e cantigas remeter a criança a uma relação vivencial com a linguagem lúdica e poética.

As parlendas materializam-se em enunciados lúdicos e apresentam linguagem simples e atraente. Por essa razão, em contato com as parlendas, a criança poderá dar importantes passos em seu processo de letramento. As quadrinhas são poemas com quatro versos que expressam o saber popular, por meio delas a criança brinca com as rimas e com a musicalidade da palavra. Quanto às cantigas populares, pode-se dizer que o primeiro contato da criança com a poesia ocorre no berço, com os acalantos, e prossegue com as cantigas de roda. As brincadeiras e os jogos com palavras, onomatopeias, repetições e rimas presentes nas brincadeiras, cantigas, quadrinhas e parlendas são muito apreciadas pelas crianças que, por meio da repetição, as memorizam facilmente, muitas vezes sem entender seu significado, mas atentos à sonoridade, à cadência e ao ritmo dessas composições. Fica evidente, portanto, que parlendas, quadrinhas e cantigas podem ter um papel importante no processo de alfabetização e nas práticas de letramento, não só pela sua familiaridade com o discurso da criança, mas também por favorecerem, de modo lúdico, a conquista de linguagem.

A seguir, a fim de reiterarmos a relevância da tradição oral e da oralidade para que se possa *alfabetizar letrando*, consideramos pertinente transitarmos por algumas concepções de alfabetização e letramento com o intuito de fornecer ao leitor alguns subsídios e embasamentos teóricos sobre as práticas aqui delineadas. Tais fundamentações, apresentadas de modo conciso nesta obra, poderão ser aprofundadas por meio da leitura dos diversos livros sobre o tema escritos por pesquisadores que reconhecidamente se debruçam há décadas sobre esse assunto.

Alfabetização e letramento

Magda Soares (2004, p. 5) defende, ao mesmo tempo, a especificidade e a indissociabilidade dos processos de alfabetização e letramento e lança a proposta de *alfabetizar letrando* que fundamenta o nosso trabalho. A autora destaca a ocorrência, em meados da década de 1980, da "invenção" simultânea dos termos *letramento*, *literacia* e *illettrisme* no Brasil, em Portugal e na França, "para nomear fenômenos distintos daquele denominado alfabetização" (Soares, 2004, p. 6), no momento histórico no qual emergem novas práticas sociais de leitura e de escrita. Nos países desenvolvidos, as preocupações voltaram-se para a constatação de que, embora alfabetizada, a população nem sempre dominava as habilidades de leitura e escrita que garantiriam uma competente e efetiva participação nas práticas profissionais e sociais. No Brasil, de modo distinto, o movimento se deu em direção oposta. A partir do questionamento do conceito de alfabetização e da aprendizagem inicial da escrita, despertou-se a atenção para a importância e a necessidade de se desenvolver habilidades de uso competente da leitura e da escrita. Por tal razão, afirma Soares (2004, p. 6), "no Brasil os conceitos de alfabetização e letramento se mesclam, se superpõem, frequentemente se confundem".

Por outro lado, Soares (2004) detecta uma progressiva perda de especificidade do processo de alfabetização no Brasil nos últimos vinte anos. O fracasso escolar, anteriormente manifestado nos altos índices de reprovação e repetência (porque detectado por avaliações internas à escola), deu lugar a um alto índice de nulo ou precário desempenho em provas de leitura ou escrita das avaliações externas à escola. Esse quadro alarmante revela um grande contingente de "alunos não alfabetizados ou semialfabetizados depois de quatro, seis, oito anos de escolarização" (Soares, 2004, p. 9). Para a autora, a teoria de Ferreiro e Teberosky (1999), que contribuiu de modo inquestionável com a mudança paradigmática na área da alfabetização permitindo que se voltassem os olhos para a trajetória e para as hipóteses da criança no processo de alfabetização como sujeito ativo nesse processo, conduziu, de um lado a propostas equivocadas que privilegiaram a faceta psicológica da alfabetização em detrimento de seu caráter linguístico e, de outro, à falsa inferência de se atribuir aos métodos de alfabetização uma conotação negativa, contribuindo assim com a perda da especificidade do processo de alfabetização. Segundo a autora, se anteriormente contávamos, para a prática de alfabetização, com um método e nenhuma teoria, "com a mudança de concepção sobre o processo de aprendizagem da língua escrita, passou-se a ter uma teoria, e nenhum método" (Soares, 2004, p. 11).

Para além de ser um processo de natureza linguística, "a alfabetização implica, desde a sua gênese, a *constituição do sentido*. Desse modo, implica, mais profundamente, uma *forma de interação com o outro pelo trabalho* de escritura" (Smolka, 2003, p. 69, grifos da autora). Para Smolka (2003), a alfabetização implica *momentos discursivos* tanto na atividade de leitura como na de escritura. Seu processo de aquisição se dá, portanto, "numa *sucessão de momentos discursivos*, de interlocução, de interação" (Smolka, 2003, p. 29, grifos da autora). A alfabetização é, pois, um processo discursivo. A autora lança "o desafio político-pedagógico da alfabetização, enquanto prática cotidiana e urgente (que não pode parar e ficar esperando "teorias"), mas que se transforma – e precisa ser pensada – *enquanto* se realiza" (Smolka, 2003, p. 113, grifos da autora).

Em suma, neste trabalho, partimos da definição de Soares (1985, p. 20), para quem a alfabetização é um "processo de aquisição do código escrito, das habilidades de leitura e escrita". Para a autora, "a alfabetização é um processo de representação de fonemas em grafemas, e vice-versa, mas é *também* um processo de compreensão/expressão de significados por meio do código escrito" (Soares, 1985, p. 21, grifo da autora). Não é, portanto, uma habilidade, mas um conjunto de habilidades, constituindo-se em um processo de natureza psicológica, psicolinguística, sociolinguística, em um fenômeno multifacetado de natureza complexa e de caráter político e (acrescentamos com base em Smolka, 2003) – em um processo discursivo.

Ao distinguir alfabetização de letramento, Soares (2005, p. 47) afirma ser a alfabetização a "ação de ensinar/aprender a ler e a escrever". O letramento, por sua vez, é o "estado ou condição de quem não apenas sabe ler e escrever, mas cultiva e exerce as práticas sociais que usam a escrita" (Soares, 2005, p. 47).  No entanto, em virtude das sutilezas e complexidades decorrentes da ampla diversidade de habilidades, capacidades, conhecimentos, valores e funções sociais que o letramento envolve, torna-se difícil conceituá-lo em uma única e consistente definição.

O uso do verbo "letrar", prossegue a autora, permite nomearmos o processo de conduzir os indivíduos ao letramento. No entanto, embora "alfabetizar" e "letrar" sejam processos distintos, ambos são indissociáveis. Por essa, razão a autora considera ideal a ação de "alfabetizar letrando" de modo que o ensino-aprendizagem da leitura e da escrita se efetive de maneira contextualizada às práticas sociais da leitura e da escrita. Desse modo, o indivíduo poderá se tornar concomitantemente "alfabetizado" e "letrado". Há, no entanto, esclarece Soares (2005), níveis distintos de letramento de acordo com as demandas e as necessidades do indivíduo e do contexto social em que vive. Ademais, em sua natureza complexa e heterogênea, o letramento deve ser considerado em duas dimensões, a individual e a social, como veremos adiante.

Letramento: dimensão individual

Para Soares (2005), o letramento abrange dois processos complementares e fundamentalmente distintos: ler e escrever.

A leitura, para Koch e Elias (2006, p. 12), é uma atividade de produção de sentido na qual "o leitor realiza um trabalho ativo de compreensão e interpretação do texto". Aprender a ler é, portanto "ampliar possibilidades de interlocução com pessoas com quem não encontraremos frente a frente e interagirmos com elas, compreendendo, criticando e avaliando seus modos de compreender o mundo" (Geraldi, 2009, p. 66).

Sendo assim, no que diz respeito à dimensão individual do letramento, a leitura pode ser definida como "um conjunto de habilidades linguísticas e psicológicas que se estendem desde a habilidade de decodificar palavras escritas até a capacidade de compreender textos escritos" (Soares, 2005, p. 68). No entanto, na mesma obra (p. 69), a autora ressalta que, embora distintos, o processo de relacionar símbolos escritos a unidades de som e o de interpretar textos escritos não se opõem, mas complementam-se.

> *A leitura estende-se da habilidade de traduzir em sons sílabas*
> *sem sentido às habilidades cognitivas e metacognitivas; inclui-*
> *-se, dentre outras: a habilidade de decodificar símbolos escritos;*
> *a capacidade de interpretar sequências de ideias ou eventos;*
> *analogias, comparações, linguagem figurada, relações comple-*
> *xas, anáforas; e, ainda, a habilidade de fazer previsões iniciais*
> *sobre o sentido do texto, de construir significado combinando*
> *conhecimentos prévios e modificar previsões iniciais quando*
> *necessário, de refletir sobre o significado do que foi lido, ti-*
> *rando conclusões e fazendo julgamentos sobre o conteúdo.*
> *Acrescente-se a essa grande variedade de habilidades de lei-*
> *tura o fato de que elas devem ser aplicadas diferenciadamente*
> *a diversos materiais de leitura.*

A escrita, por sua vez, é definida por Koch e Elias (2010) como uma produção textual que exige do produtor ativação de conhecimentos e mobilização de estratégias. É um processo interacional da língua no qual autores e leitores se constroem e são construídos no texto e que demanda: ativação de conhecimentos dos componentes da situação comunicativa; seleção, organização e desenvolvimento das ideias para garantir continuidade do tema e progressão; balanceamento entre informações: "novas" e "dadas"; "explícitas" e "implícitas", tal como revisão da escuta ao longo do processo, considerando interação e objetivos. Para Geraldi (2009, p. 66), "escrever é ser capaz de colocar-se na posição daquele que registra suas compreensões para ser lido por outros e, portanto, com eles interagir".

No âmbito da dimensão individual do letramento, Soares (2005) conceitua a escrita como um conjunto de habilidades psicológicas e linguísticas que se estendem "da habilidade de registrar unidades de som até a capacidade de transmitir significado de forma adequada a um leitor potencial" (Soares, 2005, p. 69). Tal como na leitura, os processos de relacionar símbolos escritos a unidades de som e de organizar o pensamento e expressar ideias na escrita, longe de se oporem, complementam-se.

> Desse modo, a escrita engloba desde a habilidade de transcrever a fala, via ditado, até habilidades cognitivas e metacognitivas; inclui a habilidade motora (caligrafia), a ortografia, o uso adequado de pontuação, a habilidade de selecionar informações sobre um determinado assunto e de caracterizar o público desejado como leitor, a habilidade de estabelecer metas para a escrita e decidir qual a melhor forma de desenvolvê-la, a habilidade de organizar ideias em um texto escrito, estabelecer relações entre elas, expressá-las adequadamente.
> Além disso, as habilidades de escrita, tal como de leitura, devem ser aplicadas diferenciadamente à produção de uma variedade de materiais escritos.

Com o intuito de promover o desenvolvimento de tais habilidades de leitura e de escrita em uma gama mais ampla possível de gêneros textuais – nas palavras de Soares (2005), em uma diversidade de materiais escritos –, é imprescindível, pois, o trabalho com a leitura e a produção escrita de textos pertencentes a distintos gêneros textuais ou gêneros do discurso (incluindo os gêneros da tradição oral) desde os primeiros anos do Ensino Fundamental, para que assim se possa contribuir com o desenvolvimento de uma competência metagenérica que possibilitará aos alunos interagir de modo conveniente nas mais diversas práticas sociais, produzindo e compreendendo gêneros textuais em suas modalidades escrita e oral, como defendem Koch e Elias (2006, p. 102). Pois, como afirmam Bajtin e Medvedev (1994), de acordo com o ambiente em que cada consciência se desenvolve, ela pode ser mais ou menos abastada em gêneros.

Letramento: dimensão social

Em sua dimensão social, o letramento é a aplicação das habilidades de leitura e de escrita em dado contexto, bem como a relação dessas habilidades com as necessidades, com os valores e com as práticas sociais.

Soares (2005) distingue duas perspectivas conflitantes acerca da natureza da dimensão social do letramento, uma por ela considerada progressista, liberal (que oferece uma versão "fraca" tanto dos atributos como das implicações da dimensão social do letramento) e outra por ela chamada de radical, revolucionária (que nos apresenta uma versão "forte" dos atributos e das implicações da dimensão social do letramento).

Na perspectiva liberal ou progressista, define-se letramento a partir das habilidades necessárias para o "funcionamento" adequado do indivíduo no contexto social de modo que, havendo adquirido os conhecimentos e as habilidades básicas que o tornem capaz de adaptar-se às necessidades funcionais e cotidianas, bem como de assumir e desempenhar as responsabilidades políticas e cívicas, ele possa ser considerado funcionalmente letrado. Daí o termo "letramento funcional".

Na perspectiva radical ou revolucionária, longe de ser um "instrumento" neutro, como defende a perspectiva liberal, o letramento é um conjunto de práticas construídas socialmente, envolvendo a leitura e a escrita, "geradas por processos sociais mais amplos, e responsáveis por reforçar *ou* questionar valores, tradições e formas de distribuição de poder presentes nos contextos sociais" (Soares, 2005, p. 75, grifo da autora). Dentro dessa perspectiva, os aspectos políticos e ideológicos do letramento vinculam-se às instituições sociais que defendem, aplicam, desenvolvem e avaliam as práticas de leitura e escrita. Sendo ideológico e não neutro, as consequências do letramento funcional defendido pela perspectiva liberal podem ser consideradas benéficas e desejáveis pelos que defendem o contexto social no qual ele se efetiva; ou alienantes e manipuladoras pelos que questionam o contexto social e a estrutura que favorece àqueles que se encontram em posição de domínio e de controle social e econômico.

A perspectiva revolucionária pode ser exemplificada por meio do pioneirismo de Paulo Freire em sua concepção de educação como prática da liberdade. Para ele, a alfabetização – acrescentaríamos: e também o letramento (contemplado, a nosso ver, em sua abrangente concepção de alfabetização) – deve ter por objetivo despertar o indivíduo para que este faça uso da leitura e da escrita como modo de tornar-se consciente da realidade e então poder transformá-la. Segundo Freire (2008, p. 150):

> *Só assim nos parece válido o trabalho da alfabetização, em que a palavra seja compreendida pelo homem na sua justa significação: como uma força de transformação do mundo. Só assim a alfabetização tem sentido. Na medida em que o homem, embora analfabeto, descobrindo a relatividade da ignorância e da sabedoria, retira um dos fundamentos para a sua manipulação pelas falsas elites. Só assim a alfabetização tem sentido. Na medida em que, implicando em todo este esforço de reflexão do homem sobre si e sobre o mundo em que e com que está, o faz descobrir "que o mundo é seu também, que o seu trabalho não é a pena que paga por ser homem, mas um modo de amar – e ajudar o mundo a ser melhor".*

Portanto, o letramento tem tanto o poder de domesticar o homem mantendo seu funcionamento no contexto social vigente (versão "fraca"), como tem o poder de libertá-lo para que este, assim liberto, reconheça-se em sua capacidade de transformar tanto as relações como as práticas sociais desiguais e injustas (versão "forte").

Por fim, de acordo com a proposta crítica de ensino-aprendizagem da leitura e da escrita como prática da liberdade, lembramos que Freire (2008) ressalta a importância de que o processo de alfabetização e, acrescentamos, as práticas de letramento, se deem a partir dos conhecimentos imediatos do aluno, "em integração com a realidade" (Freire, 2008, p. 114) e por meio de diálogos, pois "o antidiálogo não comunica" (Freire, 2008, p. 116) e rompe com as relações de "simpatia". Além disso, o ensino-aprendizagem da leitura e da escrita deve se dar de maneira crítica, mas também criadora, de modo que o aluno possa assumir a posição de sujeito e não de objeto. Dessa forma, a criança, ao descobrir seu ímpeto de criação e recriação, se descobrirá agente da cultura e da história. Descobrirá ainda, por meio das práticas de letramento críticas e criadoras com textos da tradição oral, que tanto é cultura "a poesia dos poetas letrados de seu País como também a poesia de seu cancioneiro popular. Que cultura é toda criação humana" (Freire, 2008, p. 117).

Por uma
ação reflexiva

Antes de apresentarmos as atividades propostas, trazemos à tona
algumas questões ao professor, para
que sua prática se dê por meio de uma
ação reflexiva: como o reconhecimento
da importância dos recursos lúdicos
tem permeado o processo de alfabetização e as práticas de letramento em
suas aulas? Se, a partir de Freire (2008),
podemos dizer que tanto as obras
literárias reconhecidamente canônicas
como as parlendas, as quadrinhas, as
brincadeiras e as cantigas são cultura e
poesia, que importância tem sido dada a
esse rico acervo cultural e artístico em
sala de aula, bem como ao repertório já
assimilado pelas crianças e de conhecimento da comunidade do entorno escolar? De que modo você tem assegurado,
como professor, o respeito à pluralidade
cultural brasileira e a seus mais distintos sujeitos? Que lugar tem dado à
tradição oral nos processos de alfabetização e nas práticas de letramento por
você desenvolvidas em sala de aula?

Proposta prática: alfabetizar letrando com parlendas, quadrinhas e cantigas

Parlendas

As parlendas são fórmulas da tradição oral que, segundo Cascudo (1984; 1998) conservam-se na memória da criança em virtude de apresentarem ritmo fácil e corrente.

Algumas parlendas têm por fim embalar e cadenciar os movimentos da criança. Como é o caso das parlendas seguintes, que, ao serem ditas, costumam ser acompanhada de movimentos rítmicos da criança, embalados pelo ir e vir dos versos:

> *Bam-ba-la-lão,*
> *Senhor capitão,*
> *Espada na cinta,*
> *Ginete na mão.*

Serra, serra, serrador,
Serra a madeira que o mestre mandou.
Serra, serra, serrador,
Serra a madeira do nosso senhor.

Também existem parlendas para se realizar escolhas nas brincadeiras infantis permitindo-se escolher, por exemplo, quem vai iniciar um jogo, quem vai participar da brincadeira ou em qual das mãos um objeto está escondido:

Mamãezinha mandou eu escolher este(a) daqui.
Mas como eu sou teimoso(a) eu escolhi este(a) daqui.

Uni, duni, te,
Salame minguê,
Um sorvete colorê,
O(a) escolhido(a) foi você.

Há outras que apresentam temas encadeados entre si, que vão sendo desenvolvidos no decorrer da parlenda, como:

Cadê o queijinho que estava aqui?
O gato comeu.
Cadê o gato?
Fugiu pro mato.
Cadê o mato?
O fogo queimou.
Cadê o fogo?

A água apagou.

Cadê a água?

O boi bebeu?

Cadê o boi?

Não sei aonde foi.

Hoje é domingo,

Pé de cachimbo.

O cachimbo é de ouro

Deu no touro

O touro é valente

Bate na gente

A gente é fraco

Cai no buraco

O buraco é fundo

Acabou-se o mundo.

As *mnemônias*, por sua vez, são parlendas que favorecem a "fixação de números ou ideias primárias, dias da semana, cores, nome dos meses etc." (Cascudo, 1998, p. 674):

Um, dois, feijão com arroz.

Três, quatro, feijão no prato.

Cinco, seis, feijão francês.

Sete, oito, comeu biscoito.

Nove, dez, comeu pastéis.

Dedinho mindinho,
Seu vizinho,
Maior de todos,
Fura-bolo,
Mata-piolho.

A galinha do vizinho
Bota ovo amarelinho
Bota um, bota dois,
Bota três, bota quatro,
Bota cinco, bota seis,
Bota sete, bota oito,
Bota nove, bota dez.

Destacamos ainda algumas parlendas que são utilizadas como mote para brincadeiras das mais diversas ou constituem, em si, a própria brincadeira:

O burrinho em Jericó
Anda tanto que dá dó.
A castanha que ele largar
É para o primeiro que falar.
Fora eu que sou juiz
Como perna de perdiz.
Fora eu que sou capitão
Como perna de leitão.

Quem foi à roça
Perdeu a carroça.
Quem foi a Pirapora
Perdeu a hora.
Quem foi ao Japão
Perdeu o avião.
Vou contar:
Um, dois, três e já!
Lá vou eu!

Fernando-ando
Ducatiribando
Salamacutando
Fifirififando.
João-ão
Ducatiribão
Salamacutão
Fifirififão.
Mônica-ônica
Ducatiribônica
Salamacutônica
Fifirififônica.

Os *trava-línguas*, por fim, são parlendas singulares com "estruturação específica e função lúdica particular" (Gomes; Ferreira, 2003, p. 20). São utilizados para exercitar a dicção e desafiar a pronúncia de palavras ou combinações de palavras difíceis.

Olha o sapo dentro do saco,
O saco com sapo dentro,
O sapo batendo papo
E o papo soltando vento.

– Jabuticabeira pequenina,
Quando é que tu despequeninajabuticabeirarizarás?
– Eu me despequeninajabuticabeirarizarei
Quando se despequeninajabuticabeirarizarem
Todas as pequeninas jabuticabeiras
Ainda não despequeninajabuticabeirarizadas.

Quem cara paca compra
Paca cara pagará.
Quem compra paca cara
Pagará cara paca.

Lá vem o velho Félix
Com o fole velho nas costas.
Tanto o fole do velho fede
Quanto fede o velho Félix.

A primeira atividade deste capítulo é um desafio de trava-
-línguas por nós vivenciado a partir da escuta da faixa "Desafio
de trava-línguas" (Vale, 1997), oitava faixa do CD *Enrola-bola:*
brinquedos, brincadeiras e canções, gravado por Rubinho do Vale
em parceria com Francisco Marques (Chico dos Bonecos). Portanto, a atividade será apresentada em forma de relato e figurará

como sugestão de trabalho, tendo sido realizado em salas de 1º, 2º e 3º anos do Ensino Fundamental.

Na faixa sonora citada, cada desafiante da gravação (ora o próprio intérprete, ora uma ou outra criança) diz um trava-língua que é repetido por algumas vezes, seguido por um breve canto melódico de seu texto e, por fim, de aplausos. A faixa totaliza seis trava-línguas diferentes. Em um primeiro momento, apresentamos toda essa faixa do CD, e as crianças sentiram-se desafiadas a repeti-los. Então, escutamos apenas um trava-língua por vez, até que todos tentassem dizê-lo, percebendo o quanto era difícil acompanhar a agilidade dos intérpretes. Em seguida, escrevíamos na lousa o trava-língua em questão lançando assim um segundo desafio: realizar sua leitura em voz alta. Como alguns alunos sempre se adiantavam com relação à turma, líamos algumas vezes o trava-língua utilizando marcação semelhante à do cursor que acompanha a letra de canção nos *karaokes*: fazendo uso de pincel, giz, régua, ou mesmo da mão, indicávamos cada sílaba ou palavra dita nas várias vezes em que repetíamos o trava-língua.

Depois desafiávamos cada criança por vez a repetir o trava--língua, dessa vez permitindo a concomitante leitura no quadro, o que, percebemos, estimulava a tentativa de decifração do texto escrito. Por fim, no terceiro desafio, dávamos a eles um tempo para registrarem por escrito o trava-língua em seu caderno, auxiliando os alunos que apresentassem alguma dificuldade e orientando-os no processo.

Na semana seguinte, antes de apresentar um novo trava-língua, como havíamos prometido ao fim da aula, perguntávamos quem saberia repetir o trava-língua ensinado na semana anterior. Alguns eram pegos de surpresa por não imaginarem que retornaríamos à parlenda ensinada, enquanto um ou outro dizia prontamente sem mesmo consultar suas anotações. Alguns imediatamente buscavam seus cadernos e iniciavam a leitura. Depois de deixar que se empenhassem por dizê-lo, cada um a sua maneira, reescrevíamos o mesmo trava-língua e repetíamos juntos. Em seguida, apresentávamos outro trava-língua realizando os mesmos procedimentos. A diferença a partir daí era que, sabendo que na oficina posterior lembraríamos o trava-línguas ensinado, muitos se empenharam em se aplicar na leitura e na decifração de signos, utilizando-se dos recursos da memória rítmica e sonora, próprios desse gênero da tradição oral. Percebemos que, ao aprender um trava-língua e ser desafiado a lê-lo, a criança relacionava com maior facilidade o som da oralidade ao registro escrito, pois a sonoridade da fórmula rítmica e sonora memorizada favorece em muito a decifração do escrito.

Depois de ensinados todos os trava-línguas da faixa do CD de Rubinho do Vale em parceria com Chico dos Bonecos, fomos desafiados a levar um novo trava-língua a cada aula, e assim o fizemos. Posteriormente, tivemos a oportunidade de realizar a mesma atividade (em outra escola) sem contarmos com o equipamento de som para a audição da faixa. Iniciamos com a leitura do livro *O pinto pelado no Reino dos Trava-línguas*, de Paulo Netho, publicado pela Editora Formato, realizando em seguida a mesma proposta anteriormente descrita: apresentando a cada dia um trava-língua da história.

Em alguns casos, esclarecíamos o significado de algumas palavras ou termos para favorecer a atribuição de sentido por parte dos alunos, por exemplo, ao apresentarmos o trava-língua *Quando digo Digo* (Vale, 1997):

> *Quando digo **Digo**, digo **Digo**, não digo **Diogo**.*
> *Quando digo **Diogo**, digo **Diogo**, não digo **Digo**.*

Para que as crianças compreendessem que "digo" corresponde a um verbo, enquanto "Digo" a um substantivo próprio (comumente usado como apelido para Rodrigo), substituíamos os nomes próprios Digo e Diogo por nomes de alunos da sala de aula, esclarecendo que "digo" de "dizer" era o mesmo que "falo" de "falar". Então dizíamos, por exemplo: "Quando falo Tiago, falo Tiago, não falo Cláudio. Quando falo Cláudio, falo Cláudio, não falo Tiago", para em seguida

dizermos: "Quando digo Tiago, digo Tiago, não digo Cláudio. Quando digo Cláudio, digo Cláudio, não digo Tiago". Então repetíamos a brincadeira com todos os nomes da turma e também com outras palavras sugeridas pelos alunos (nomes de objetos, animais, frutas, cores etc.), para que assim eles compreendessem o sentido do trava-língua.

Nas várias vezes que nosso "Desafio de trava-línguas" foi realizado, pudemos observar o quanto ele contribuía com o processo de alfabetização dos alunos. Registramos, em específico, o caso de um menino do 2º ano que não lia nem mostrava interesse pela leitura. Grande parte da turma lia sem maiores dificuldades os textos por nós apresentados no quadro, enquanto ele, percebíamos, parecia deslocado, olhando ora para a turma lendo em voz alta, ora para o texto sem conseguir decifrá-lo. No dia em que iniciamos o "Desafio de trava-línguas", percebemos que, antes de escrevermos na lousa o texto, ele já havia aprendido a repetir por completo o trava-língua: "Lanço o laço no salão, o lenço lanço, a lança não" (Vale, 1997). Então, ao registrarmos na lousa, o menino, expressando certo orgulho, disse para o colega ao lado: "Eu sei ler, quer ver?" e, como se estivesse lendo, repetiu o trava-língua.

No momento do desafio de leitura individual, ele falou o trava-língua como se estivesse lendo, o que provocou admiração por parte muitos colegas. Depois, com muito interesse e vontade, registrou o texto em seu caderno. Percebemos que o menino possuía um conhecimento prévio, ou seja, conhecia aquele trava-língua. Então, ao fim da oficina, nós lhe perguntamos se sabia outros trava-línguas e ele repetiu outros três:

Um tigre, dois tigres, três tigres.

Iara amarra a arara rara,
A rara arara de Araraquara.

O peito do pé de Pedro é preto!
Quem disser que o peito do pé de Pedro é preto,
Tem o peito do pé mais preto
Do que o peito do pé de Pedro.

Nas aulas subsequentes, trabalhamos com os trava-línguas por ele conhecidos, conduzindo-o (com os demais alunos) à prática do exercício da leitura e da escrita com produção de sentido. Em aulas posteriores, verificamos que o menino já se empenhava na leitura de trava-línguas desconhecidos, mas que ainda tomava por base a memorização da apresentação oral inicial. Depois de memorizado o trava-língua, ele o escrevia em seu caderno e se esforçava por realizar a leitura. Nesse momento, nós nos aproximamos e pudemos auxiliá-lo na leitura. Na semana seguinte, o garoto foi o primeiro a dizer o trava-língua (depois soubemos por sua mãe que, a partir daquela ocasião, ele passou a demonstrar maior interesse pela leitura e por aprender e dizer os trava-línguas). Desde então, seu processo de aprendizagem de leitura e escrita caminhou com maior fluidez, pois o bloqueio maior parecia haver sido rompido pelo próprio aluno e, é claro, com o auxílio de textos da tradição oral por ele conhecidos.

Outra atividade que aqui sugerimos envolvendo as parlendas consiste em dizer o nome de cada criança utilizando para isso uma das parlendas apresentadas anteriormente, por exemplo: "Rafael-el, *ducatiribel, salamacutel, fifirififel*". Cabe ressaltar a relevância dessa parlenda para a identificação da sílaba tônica, o que será de enorme valia quando da necessidade de distribuição ortográfica da acentuação. Nessa parlenda, a parte repetida é sempre tomada a partir da sílaba tônica. E como, depois de aprender a brincadeira e de muito brincar com os nomes dos colegas, as crianças costumam brincar utilizando os nomes dos objetos, elas poderão vir a ser convidadas, posteriormente, a identificar a sílaba tônica das palavras e então classificá-las em oxítona, paroxítona e proparoxítona, de acordo com a vogal tomada para iniciar a repetição. Por exemplo, as palavras oxítonas terão apenas uma sílaba repetida (a partir da vogal tônica): violão-**ão**, ducatirib**ão**, salamacu**tão**, fifirif**ão**; trem-**em**, ducatirib**em**, salamacut**em**, fifirifif**em**; ventilador-**or**, ducatirib**or**, salamacut**or**, fifirifif**or**. As paroxítonas contarão com duas sílabas repetidas (a partir da vogal tônica): cadeira-**eira**, ducatirib**eira**, salamacut**eira**, fifirifif**eira**; mesa-**esa**, ducatirib**esa**, salamacut**esa**, fifirifif**esa**; porta-**orta**, ducatirib**orta**, salamacut**orta**, fifirifif**orta**. As proparoxítonas, por sua vez, concederão três sílabas para serem repetidas (desde a vogal tônica): ônibus-**ônibus**, ducatirib**ônibus**, salamacut**ônibus**, fifirifif**ônibus**; rápido-**ápido**, ducatirib**ápido**, salamacut**ápido**, fifirifif**ápido**; simpático-**ático**, ducatirib**ático**, salamacut**ático**, fifirifif**ático**.

Quadrinhas

Quadrinhas, quadras ou trovas são poemas de quatro versos em que o segundo verso rima com o quarto (e em alguns casos o primeiro rima com o terceiro):

Não tem machado que corte
A raiz do nosso amor.
Quanto mais corta, mais cresce,
E mais depressa brota flor.

Sugerimos, após a leitura em sala de aula do livro *Alecrim dourado e outros cheirinhos de amor* (Gomes; Pedroza, 2011), a produção de quadrinhas pelos alunos (sempre que necessário com auxílio do professor).

Cantigas

Entre as tantas manifestações do gênero *canções populares*, algumas se fazem presentes em autos, dramatizações e folguedos; outras se vinculam a bailes e festas populares, e há aquelas que guardam estreita relação com o universo infantil, entre as quais destacamos os acalantos, as brincadeiras cantadas e as cantigas de roda. Nesta seção, nós nos concentraremos nas cantigas.

Na atividade aqui proposta, a cantiga será apresentada por meio de uma história para que, após escutar a narrativa, a criança se envolva com a cantiga e lhe atribua sentido ao vê-la inserida em um enredo. Sugerimos ao professor a escuta do resumo da história "A menina e o anjo", gravada no CD *Viagem pela Literatura: histórias infantojuvenis*, lançado em 2007 pela Biblioteca Municipal - Secretaria de Cultura do Município de Vitória (ES), que poderá ser apresentada em sala de aula[4]. O professor também poderá optar por ler o conto em sua íntegra no livro *Contar histórias: a arte de brincar com as palavras* (Moraes, 2012a), publicado pela Vozes. Sugerimos ainda os quinze contos reunidos no livro *Histórias de cantigas*, organizado por Celso Sisto (2012) e publicado pela Cortez Editora. Esta obra traz histórias criadas a partir das cantigas preferidas de cada autor. O livro reúne contos da autoria de Anna Claudia Ramos, Augusto Pessôa, Bartolomeu Campos de Queirós (*in memoriam*), Celso Sisto, Fanny Abramovich, Fátima Miguez, Ilan Brenman, Jonas Ribeiro, Lenice Gomes, Leo Cunha, Luciana Savaget, Luiz Antonio Aguiar, Rogério Andrade Barbosa, Stella Maris Rezende e Tino Freitas.

Após a leitura de um dos contos sugeridos anteriormente, o professor apresentará por escrito a cantiga presente no conto. Então, de modo similar à atividade proposta anteriormente com parlendas, para além de exercitar o canto por meio da leitura, os alunos exercitarão a leitura por meio do canto, além de exercitarem a escrita a partir do registro das canções presentes nos contos sugeridos anteriormente.

4 - Disponível no site: <http://youtu.be/_vlDs-AaTJA>.

Livros sugeridos para ações literárias

Histórias de cantigas
• Celso Sisto (organizador)
• Ilustrações: Claudia Cascarelli
• Cortez Editora
Organizado por Celso Sisto, o livro reúne quinze histórias inspiradas em cantigas populares bem conhecidas, escritas por diversos autores de vários Estados do País.

O Pinto Pelado no Reino dos Trava-línguas
• Paulo Netho
• Ilustrações: Claudio Martins
• Editora Formato
Com bom humor e ludicidade, o livro conta a história de Domingos Pinto Colchão, o Pinto Pelado, que resolveu passear no Reino dos Trava-línguas, onde viveu situações sem pé nem cabeça.

Trava-língua, quebra-queixo, rema-rema, remelexo

- Almir Correia
- Ilustrações: Cláudia Ramos
- Cortez Editora

Com ilustrações lúdicas, o livro apresenta vários trava-línguas divertidos para serem lidos em voz alta pelas crianças, oferecendo inúmeras possibilidades de brincadeiras com as palavras.

Ciranda, cirandinha

- Edmir Perrotti
- Ilustrações: Cláudio Martins
- Paulinas Editorial

O livro, com texto, ilustrações e partitura, resgata uma das mais tradicionais cantigas de roda para que permaneça viva entre as crianças de hoje. A série Pererê I apresenta ainda os títulos, entre eles Teresinha de Jesus e O Cravo brigou com a Rosa.

Alecrim dourado e outros cheirinhos de amor

- Lenice Gomes e Giba Pedroza
- Ilustrações: Cláudio Martins
- Cortez Editora

As quadrinhas do livro têm cheiros e cores, têm alma, têm surpresas, têm lembranças de moços enamorados, de meninas cantando com os olhos voltados para o chão. Brincadeiras da tradição oral verso.

Para além da sala de aula:
vamos cirandar

A gradativa ausência das cirandas e das rodas de música e dança no dia a dia das crianças deu-se em ritmo acelerado, acompanhada, senão provocada, pelo progresso tecnológico e urbano. É raro encontrarmos manifestações culturais coletivas, solidárias, interativas e gregárias que supram o vazio deixado nas ruas, nas praças, nos antigos quintais, de onde ecoam em nossa lembrança as cirandas e rodas de música e dança. As cirandas e os cantos em roda, na maioria dos casos envolve canto, corpo, coletividade, coesão. Na roda, de mãos dadas, unidos como elos de uma só corrente, cada um pode olhar o outro enquanto canta a canção embalada pela cadência dos pés no chão, e sempre que possível, por um e outro instrumento.

Para a realização dessa atividade, as letras das canções serão escritas em uma folha de papel-cartão ou em papel ainda mais grosso (gramatura mínima de 240 gramas) ilustrado e decorado com motivos populares como dos estandartes, decorados por meio de colagem de miçangas, lantejoulas, cordéis, papel-crepom, fitas (entre outras possibilidades, lançando-se mão dos recursos disponíveis na escola ou na comunidade). A parte inferior pode inclusive ser cortada em "V", para dar o formato de estandarte. Quando prontos, os estandartes serão expostos em murais da escola. Assim, o exercício de leitura e os ensaios ocorrerão em locais abertos da escola. Depois de aprendidas, as cantigas serão dançadas e cantadas em roda no pátio ou na quadra da escola. Sugerimos algumas cantigas que poderão ser ensaiadas entre tantas outras existentes no cancioneiro popular brasileiro, conhecidas por professores, alunos, merendeiras, pais:

Periquito-maracanã

Periquito-maracanã
Cadê a sua iaiá
Faz um ano, faz um dia
Que eu não vejo ela passar.

Ela vai chegando,
Ela vai chegando
Ela vai chegando
Até chegar.

Ela vai afastando...
Ela vai pulando...
Ela vai rodando...
Ela vai baixando...
Ela vai ajoelhando...
Ela vai sentando...
Ela vai deitando...

Caranguejo

Caranguejo não é peixe,
Caranguejo peixe é.
Caranguejo só é peixe
Lá no fundo da maré!

Palma, palma, palma!
Pé, pé, pé!
Roda, roda, roda!
Caranguejo peixe é!
[...]

Peixe vivo

Como pode um peixe vivo
Viver fora da água fria? (bis)

Como poderei viver
Como poderei viver
Sem a sua, sem a sua
Sem a sua companhia?
[...]

Nas cirandas realizadas com crianças de seis a oito anos, buscamos combinar antecipadamente algumas regras, bem como ensaiar alguns movimentos que dessem vida à roda (as regras adequavam-se à presença de colegas com necessidades especiais, como cadeirantes, deficientes visuais ou auditivos etc.). Em primeiro lugar, combinávamos que se evitasse desfazer a roda. Quando o número de participantes era muito grande, fazíamos uma roda dentro da outra (chegamos a fazer três rodas enormes em uma quadra de uma escola envolvendo cerca de duzentas crianças). Então, cada roda girava para um lado: primeiro a roda de fora (onde ficava o puxador) girando para a esquerda (sentido anti-horário). Depois a roda do meio girando para a direita (sentido horário). Por fim, a roda mais interna girando para a esquerda (sentido anti-horário). A cada vez que o puxador dissesse "Ooooô!" ou batesse no violão ou na viola, todos invertiam o sentido da roda: a externa passava a girar para a direita (horário), a do meio para a esquerda (anti-horário) e a de dentro para a direita (horário). Em alguns casos, treinávamos passos para frente e para trás, inversões da roda, como nos movimentos das rodas de festas juninas ou a partir dos movimentos propostos nas próprias cantigas (algumas sugerem movimentos: chegando, afastando, abaixando, pulando, batendo palmas, batendo os pés etc.). Com o tempo, a gradativa coesão e interação da turma viabilizavam o aprimoramento dos movimentos das cirandas e das rodas.

Para conhecer mais

FONTOURA, Mara; SILVA, Lydio Roberto. *Cancioneiro folclórico infantil*: um pouco mais do que foi dito. Curitiba: Gramofone, 2001. v. 1. (2 CDs e 1 livro).

GOMES, Lenice. Cantares e contares: brincadeiras faladas. In: MORAES, Fabiano; GOMES, Lenice (Org.). *A arte de encantar*: o contador de histórias contemporâneo e seus olhares. Ilustrações: Tati Móes. São Paulo: Cortez Editora, 2012. p. 23-39.

HEYLEN, Jacqueline. *Parlenda, riqueza folclórica*: base para a educação e iniciação à música. 2. ed. São Paulo: Hucitec, 1991.

MORAES, Fabiano. *Contar histórias*: a arte de brincar com as palavras. Petrópolis: Vozes, 2012a.

SOARES, Magda. *Letramento*: um tema em três gêneros. 3. ed. Belo Horizonte: Autêntica, 2005.

↘ **CAPÍTULO 3**

A literatura infantil[5] e as raízes no popular

Palavras-enigma: dos mitos às adivinhas

Um olhar que veja a linguagem oral e a escrita não pelas diferenças formais, mas pelas semelhanças constitutivas, permite que pensemos a aquisição da escrita como um processo que dá continuidade ao desenvolvimento linguístico da criança (Kleiman, 1995, p. 30).

5 - Sabedores de que o termo "literatura infantil" é utilizado por alguns autores, enquanto outros optam por fazer uso de "literatura infantojuvenil", "literatura infantil e juvenil" ou "literatura para crianças e jovens", consideramos, no âmbito deste trabalho, estes termos como equivalentes.

Da palavra criadora
à tradição oral

"Deus disse: 'Haja luz' e houve luz. Deus viu que a luz era boa, e Deus separou a luz e as trevas. Deus chamou à luz 'dia' e às trevas 'noite'. Houve uma tarde e uma manhã: primeiro dia" (Gn 1,3-5. In: *Bíblia de Jerusalém*, 1985, p. 31). Nas diferentes culturas, o surgimento do mundo se dá pelo florescimento da palavra. Sim. Comungamos a cosmologia conhecida por todos nós, do livro do Gênesis: o mundo se presentifica a partir da palavra do Deus Criador: "'Haja luz' e houve luz" inaugurando o primeiro dia.

É Noemí Paz (1989, p. 29) quem afirma que "das culturas primitivas e de seus ritos de iniciação nos resta o mito (que, numa de suas acepções, significa *palavra*), que configura a expressão da experiência religiosa"; segundo a autora, tanto a linguagem quanto o mito possuem uma raiz comum. O mito e a palavra. O mito e as origens. A criação e seus enigmas, mistérios, adivinhações (*divinatio*).

Desde cedo, a humanidade acredita na magia das fórmulas mágicas e de suas rimas perdidas. Em nosso trabalho, acreditamos que a curiosa necessidade de beber nessa fonte da oralidade e de por meio dela querer conhecer mais sobre si mesmo é também um modo de acreditar em sua magia. Sendo assim, a palavra que chamaríamos de beleza literária se faz presente na voz (Haley, 2004):

> *Nyame, o Deus do Céu, chamou todos os nobres de sua corte*
> *e disse em voz bem alta:*
> *– O pequeno Ananse, o homem-aranha, pagou o preço que*
> *pedi por minhas histórias. De hoje em diante e para sempre –*
> *proclamou o Deus do Céu –, minhas histórias pertencem a*
> *Ananse e serão chamadas "Histórias de Aranha".*

A luz vem e ilumina-nos desse querer saber, tanto para nos favorecer uma melhor compreensão das coisas e da vida, quanto para contribuir com a nossa intenção de mudar tudo de lugar. Ora para nos ajudar a colocar as coisas lado a lado, ordenadas, ora para nos fazer duvidar dessas posições "fixas" que os fatos ocupam na ordem mundial preestabelecida.

A palavra, o verbo, a linguagem e o ato de narrar são criadores e transformadores. Ao homem é concebido este dom que traz em si o poder da escolha, da mudança e do discernimento. O dom de transitar dos mitos às recriações, da tradição oral aos escritos para crianças.

Quando ouve ou lê uma história da literatura infantil, em alguns casos, uma criança ou um adulto nem mesmo imagina a história desse gênero literário. Não foi de um momento para o outro que surgiram os ditos textos dirigidos a crianças, como também não foi de um instante a outro que nasceu a diferenciação específica da infância. Não foi de repente que certas histórias passaram a ser dirigidas para crianças, enquanto outras não. Mas, desde muito tempo, a literatura bebe na fonte da tradição oral. Propomo-nos, portanto, a varrer o tempo debulhando o passado para compreender algumas raízes em comum entre tradição oral e literatura, desde os tempos mais remotos até o surgimento de um dos mais recentes gêneros literários: a literatura infantil.

Da tradição oral a seus registros escritos antigos e medievais

Os registros escritos de relatos orais estiveram presentes nas mais diversas culturas em que a modalidade escrita se manifestou. Desde as fábulas, os feitos e as sagas às epopeias e narrativas mitológicas egípcias, gregas, hebraicas, romanas, hindus, chinesas, entre outras.

Na busca por sua aurora, tudo parece tornar-se longínquo. Terras distantes, tempos de outrora, pastores, cesteiras, caçadores, fiadeiras, guerreiros, pastoras, cidadãos, escravos e agricultoras com suas narrativas transmitidas oralmente que em algum momento se planificavam bidimensionalmente em papiros, peles, pergaminhos. Outras terras, outros povos, outros tempos. Continentes distantes percorridos a cavalo, a pé, por meio de embarcações. Enquanto ocorriam o escambo e o comércio de produtos, as histórias eram misturadas, trocadas, alteradas por toda a Idade Antiga.

Mas foi na Idade Média que "formaram-se as línguas e as literaturas das nações modernas [...] forjou-se uma nova civilização [...] a civilização europeia" (Nunes, 1979, p. 9). Menestréis, jograis, trovadores, vindos de palácios, feiras, guerras. Fábulas compiladas, contos coletados, animais descritos em seu aspecto mitológico (o bestiário), novelas de cavalaria.

Segundo Coelho (1991), no vivenciar do popular e do culto, contavam-se histórias em prosa narrativa "exemplar" e registravam-se em prosas aventurescas as novelas de cavalaria. Cavaleiros erguem bandeiras e correm o mundo vivendo grandes aventuras, percorrendo a trilha dos Cavaleiros da Távola Redonda do Rei Artur na busca do Santo Graal. Encantos, fadas e bruxas se confundem. Pelas bênçãos desses cavaleiros andantes, surge um tempo de descoberta e idealização da mulher, aproximando-a da Virgem Maria ou colocando-a como ideal absoluto e inacessível ao homem.

No rastro do cristianismo uma intenção institucional moralizadora favoreceu a coleta da tradição oral, por exemplo, na obra literária *Fecunda ratis*, publicada em 1023 (século XI) por Egberto de Liege (Voigt, 1889) e descrita por Bisanti (2007, p. 36) como um poema de cerca de 2.370 hexâmetros que recolhe um amplo repertório de provérbios, fábulas, recontos, narrações de vários gêneros destinados, sobretudo, ao aprendizado das artes liberais[6]. No contexto histórico de publicação da obra, afirma Bisanti (2007, p. 24), em 840, após a morte de Ludovico, o Piedoso (filho de Carlos Magno), e com a consequente desagregação do Sacro Império Romano, ocorreu um progressivo desmantelamento da estrutura estatal do Império. Nesse processo decadente, assumiu grande relevo o Império Germânico sob a dinastia Otoniana, sobretudo com o governo de Oto I, fundador do Santo Império Romano Germânico. Trata-se, de todo modo, de um período no qual a literatura manifestou novas formas, o que se deveu, sobretudo, ao contato da cultura latina por um lado com a nação germânica e, por outro lado, com a essência da cultura tradicional que esta conduz e com a riqueza de sagas, lendas e recontos populares, aspectos claramente atestados no caráter da obra *A Nau Fecunda* (*Facunda Ratis*), escrita a partir de elementos populares tradicionais orais de uma região localizada na fronteira entre as culturas latina e germânica.

No que tange aos aspectos de produção relacionados ao elemento folclórico nesta obra, Ziolkowski (2007, p. 102) afirma que Egberto obviamente não está à altura de um coletor do folclore

6 - As sete artes liberais eram divididas em dois conjuntos, o trívio e o quadrívio, correspondendo: o trívio (*trivium*) ao conjunto de três disciplinas que constituíam o grupo das artes da eloquência, sejam elas a gramática, a retórica e a dialética, que formava na Idade Média a primeira parte do estudo das sete artes liberais; e o quadrívio (*quadrivium* – complementando o trívio) ao conjunto de quatro disciplinas que constituíam o grupo das artes matemáticas (a geometria, a aritmética, a astronomia e a música), que na Idade Média formavam a segunda divisão das sete artes liberais, reunidas em um curso a ser ministrado após o estudo do trívio.

no sentido atribuído a esse termo no século XX ou XXI, e seria um equívoco julgá-lo como tal a partir da forma como hoje concebemos um coletor do folclore. Essa diferença pode ser atestada na forma escolhida por ele para apre-sentar seus contos (em verso e em latim), uma forma que de antemão não assume nenhuma marca de uma história oral, não apresentando repetição ou diálogos, como é comum nos contos tradicionais orais (presentes nas adaptações de Perrault e dos Grimm). Quando Egberto alega que os camponeses (*pagenses*) podem contar seus contos tal como ele o faz, o autor o diz no sentido de eles poderem narrá-lo sim, mas em linguagem e estilo diferentes. Essa possível forma de visão medieval precisa ser destacada pelo fato de que, no Período Clássico, o homem educado passa a visualizar a distância entre os elementos das culturas populares e da cultura letrada como um abismo aberto entre ambas, passando a considerar histórias, músicas e outras expressões culturais dos povos humildes como merecedoras de coletâneas. Portanto, os motivos do registro dos elementos provenientes das culturas populares na Idade Média diferiram imensamente dos motivos que levaram a tais registros nos períodos Clássico e Moderno. Para Ziolkowski (2007, p. 102-104), Egberto pode e deve ser considerado um coletor do folclore de um tipo singular, encontrado por volta do ano 1000, na Europa, caracterizado de maneira geral como um membro masculino da classe letrada que, para doutrinar jovens, fez uso de um material de uso corrente entre as pessoas comuns.

A literatura infantil e suas raízes na tradição oral

Os códigos éticos da cavalaria e do amor cortês levam-nos a puxar os fios do tempo e nos conduzem à época de ascensão da civilização humanística-liberal-cristã-burguesa trazendo caravelas, promovendo invasões, impondo suas escrituras. Nossos olhares, guiados pela memória histórica, registram conquistas, guerras, massacres; testemunham a invenção da pólvora e da imprensa: a um só tempo, tecnologias de guerra e tecnologias de produção escrita sofrem mudanças intensas, irreversíveis, inimagináveis tempos antes; assistem a um período em que se busca o conhecimento do homem e a redescoberta do acervo cultural da Antiguidade Greco-Romana.

A literatura destinada a crianças teve sua aurora na França de Luís XIV (o Rei Sol), mais precisamente na segunda metade do século XVII. Seus primeiros representantes, de acordo com Coelho (1991), foram: *Fábulas,* de La Fontaine, de 1668 (há controvérsias quanto a esta afirmação pelo fato de os textos não terem sido escritos destinadas a este público); *Contos de Perrault*, de Charles Perrault, publicados em mais de uma obra, de 1691 a 1697, entre as quais se destaca a coletânea *Histórias ou contos de antigamente com moralidades*, de 1697; *Contos de fadas,* de Madame D'Aulnoy, publicados em oito volumes de 1696 a 1699; e

As aventuras de Telêmaco, filho de Ulisses, de François Fénelon, publicado em 1699. Ainda segundo Coelho (1991, p. 75-76):

> *É essa uma literatura que resulta da valorização da fantasia e da imaginação e que se constrói a partir de textos da Antiguidade Clássica ou de narrativas que viviam oralmente entre o povo. Tal "tradição", popularizante ou erudita, redescoberta ou recriada por escritores cultos, contrasta vivamente com a alta literatura clássica produzida nesse momento.*

Nesse momento de valorização ora dos clássicos antigos, ora das narrativas populares, deu-se a Querela dos Antigos e dos Modernos. Essa disputa intelectualizada foi deflagrada em 1687 por Perrault ao ler para um circuito literário restrito e de salão, a Academia Francesa, seu poema *O século de Luís, o Grande*, com a intenção de provar a superioridade dos "modernos" franceses em relação aos "antigos" greco-romanos. A briga desencadeada foi travada de um lado por escritores que bebiam na fonte da Antiguidade Clássica, de outro por escritores que defendiam a difusão das obras e criações francesas de então.

Em princípio, a literatura de Perrault, longe de ser escrita para crianças, voltou-se para o "folclore" francês. Aos poucos, por meio da redescoberta e da adaptação da tradição oral, serviu de instrumento para educar e advertir as crianças em sua formação moral.

O livro *Histórias ou contos de antigamente com moralidades*, publicado em 1697, pode ser considerado o primeiro título do gênero literatura infantil, em virtude de *Fábulas* (1668), de La Fontaine, não haver sido publicado com assumida destinação ao público infantil, embora tenha sido largamente utilizado pelo posterior projeto pedagógico escolar burguês. Perrault atribuiu a autoria do livro citado a Pierre Perrault D'Armancour, seu filho, apresentado como uma criança na dedicatória do livro, o que levou os historiadores a suporem que ele tivesse apenas dez anos na ocasião da publicação (Ziolkowski, 2007, p. 96), quando na verdade já teria completado dezessete anos em 1695, no ano em que os manuscritos da obra foram produzidos, e quase dezenove no ano de sua publicação. O livro é dedicado à senhorita (*Mademoiselle*) Élisabeth-Charlotte d'Orléans, sobrinha do rei Luís XIV. Apesar de várias especulações já lançadas com relação à verdadeira autoria do livro, Coelho (1991) crê na possibilidade de Perrault ter atribuído a autoria da obra a seu filho por preocupar-se com a sua imagem de escritor culto diante da Academia Francesa. O livro de contos de Perrault, longe de ser uma coletânea de contos fiel às histórias narradas pelo povo, portanto às versões da tradição oral, era na verdade uma adaptação moldada com base nos ideais de educação aristocráticos de sua época.

No século XIX, quando se consolida a literatura para crianças, não faltam, ao lado dos títulos de aventura, representantes da temática maravilhosa e fantástica, em face da preocupação cada vez maior, ressalta Góes (2010), com o lugar destinado à criança na sociedade, preocupação instrumentada, em sua prática, por procedimentos na área pedagógica e literária.

Com o intuito de contribuir com esse projeto pedagógico e de auxiliar na consolidação de uma identidade cultural alemã, os irmãos Jacob e Wilhelm Grimm recolheram narrativas e lendas germânicas conservadas pela tradição oral (embora hoje se reconheça que alguns contos foram adaptados de coletâneas precedentes, como as de Perrault). Sua coletânea de contos foi lançada entre 1812 e 1822. Reforçando a ênfase didática com base na concepção de infância vigente, bem como na maneira de educar e criar as crianças, as adaptações dos Grimm traduzem os ideais burgueses de então.

No que diz respeito à apropriação ideológica dos contos procedida no registro escrito das adaptações feitas por Perrault e pelos Grimm, Zipes (1993) considera que os contos escritos por esses autores se tornaram "formas únicas" pelo fato de terem estabelecido os limites de toda e qualquer versão, embora contraditoriamente tenham originado tantas variantes e adaptações. A questão é que, embora haja variantes feitas a partir delas, as adaptações de Perrault e dos Grimm são consideradas as versões corretas, por isso únicas e, nesse sentido, hegemônicas. Tendo em vista que tais adaptações foram efetivadas por representantes da aristocracia e da burguesia europeia, torna-se necessário, prossegue o autor, atentarmos para os mecanismos de poder que processaram a consolidação dessas adaptações no contexto de sua emergência.

Posteriormente à coletânea de contos tradicionais dos Grimm, surgem as coletâneas procedidas por Hans Christian Andersen, que, diferentemente das coletas de Perrault ou dos Grimm, transitam com as criações originais, descortinando o aspecto maravilhoso na realidade concreta do cotidiano, por meio de relatos de cunho social e humanista a partir da observação de fatos da vida permeados por objetos fabricados, produzidos pelo homem de sua época, como o "soldadinho de chumbo", a "janela com vidraça", a "beira da calçada" (onde cai o soldadinho), os "fósforos" vendidos pela pequena vendedora, a "pastora de porcelana", o "limpador de chaminés", o "isqueiro" mágico, como destaca Coelho (1991, p. 151). Andersen mescla, portanto, com enorme maestria, maravilhoso e realismo, tradição e modernidade em vários dos seus 168 contos publicados entre 1835 e 1872.

Entre tantas outras obras, destacamos os registros folclóricos feitos nos séculos XIX e XX que permitiram a escrita de versões um tanto distintas dos contos de Perrault e dos Grimm e que trouxeram à tona uma série de evidências sobre possíveis formas orais para muitos dos contos consolidados por meio das "formas únicas" de Perrault e dos Grimm. Entre tais registros, destacamos os procedidos por Paul Delarue e Marie-Louise Ténèze, por Italo Calvino e por Wolfram Eberhard.

O registro escrito da tradição oral no Brasil

Nessa viagem no tempo, chegamos, enfim, às coletâneas que encantaram e até hoje encantam as crianças brasileiras.

Nos anos de 1886 e 1887, João Cardoso de Meneses e Sousa, o Barão de Paranapiacaba, traduziu e publicou no Brasil as *Fábulas de La Fontaine*, dedicando sua publicação em dois volumes ao monarca dom Pedro II. Anos depois, em 1894, Alberto Figueiredo Pimentel publicou o livro *Contos da Carochinha*, e em 1896 as obras *Contos de Fadas*; *Histórias da Avozinha* e *Histórias da Baratinha*. Ainda no século XIX, no ano de 1897, Sílvio Romero lançou *Contos populares do Brasil*.

Mas entre as tantas coletâneas publicadas, algumas especificamente para crianças, é Monteiro Lobato quem vai dar, em 1921, o verdadeiro grito de libertação poética e nacionalista para a literatura infantil com *A menina do narizinho arrebitado*. É a busca do nacional na linguagem, na temática e na forma que permeia sua obra. Ele não apenas enredou histórias de outros autores, mas criou e fabulou a partir do universo mitológico e imaginário brasileiro. Pela primeira vez surge no Brasil uma literatura infantil com um modelo interativo. Em *O Sítio do Picapau Amarelo*, Lobato mescla seres mitológicos e personagens dos contos maravilhosos em viagens por seu mundo real-ficcional. Em seu sítio, têm lugar críticas ao mito, ao conto maravilhoso, à literatura e à política. O genial em Lobato é a possibilidade de os pequenos leitores conviverem com relativos questionamentos ao modelo vigente e com o conhecimento de questões concretas tanto do país como da humanidade. "Sem coleiras, pensando por si mesma, a criança vê, num mundo onde não há limites entre realidade e fantasia, que ela pode ser agente de transformação" (Sandroni, 1987, p. 53).

Da década de 1920 à década de 1930, o folclore nacional consolida gradativamente sua presença na literatura infantil tanto por meio dos mitos, crenças e costumes, como na presença dos contadores de histórias negros: as *Histórias da Velha Totônia* [1936] em José Lins do Rego, a Tia Nastácia [desde 1921] presente em Monteiro Lobato, bem como os personagens protagonistas dos livros *Contos da Mãe Preta* e *Histórias de Pai João*, de Osvaldo Orico. Desde o início da colonização, a criança brasileira é ninada com cantigas de origem portuguesa, gradativamente modificadas pela presença negra e adaptadas às condições regionais que as vinculavam às crenças indígenas (Freyre, 1950). As crianças brasileiras foram acarinhadas pelas entonações doces das mães pretas. Voz suave e aconchegante.

Essa cultura oral evoluiu e aglutinou-se com outros elementos, mas permaneceu deixando o traço marcante do africano. Cascudo (1984) nos faz lembrar que o europeu chegou ao Brasil "com seu mundo na memória", assim como os africanos. Essas duas correntes culturais, juntamente com a indígena local, criaram um processo de interação que consolidou suas marcas indeléveis na literatura impressa brasileira, resultando daí o aproveitamento, na temática infantil, dos valores recolhidos da tradição oral.

Tempos atuais: a tradição oral na literatura infantil

Depois do *boom* da literatura infantil dos anos 1970, depois de Ana Maria Machado, Joel Rufino dos Santos, Lygia Bojunga, Marina Colasanti, Ruth Rocha e Sylvia Orthof, das desconstruções, inovações, incorporações de temáticas ditas proibidas e do reconhecimento da ilustração como parte ativa do texto e não mero adorno, chegamos aos tempos atuais.

Um dos leitores-escritores que aceita o desafio de abordar as histórias do povo para o povo é Roger Mello. Ele atribui inicialmente ao prazer sua opção de trabalho com temas da cultura popular. Recupera imagens de suas memórias da infância na tentativa de esboçar um histórico de sua relação com o texto-cultura brasileiro. Afirmando pertencer a uma família que consumia cultura popular, Roger diz-nos: "A arte popular é próxima da linguagem da criança também pela soltura de traços acadêmicos que

 prendam a determinados concei-tos". Tomamos como breve exemplo entre a vasta obra do autor o livro *Cavalhadas de Pirenópolis* [1998], no qual o autor mergulha no universo cultural do interior do Brasil, trazendo a história da cava-lhada realizada em Pirenópolis, uma festa popular com raízes me-dievas, pois retrata a luta entre cristãos e mouros. As ilustrações exploram cores e adereços das cavalhadas. As máscaras, presentes na ocasião das festas, são utilizadas por Roger como elementos de transformações e metamorfoses, realçando o lado estético da obra, trilhando pelos caminhos da disputa, paixão e morte.

Assim como Roger Mello, Joel Rufino dos Santos, desde *História de Trancoso*, publicado em 1983, atua na recuperação do elemento cômico-satírico dos contos populares. Ricardo Aze-vedo, também escritor e pesquisador da cultura popular, dá ênfase à linguagem das quadras populares, retoma seres mitológicos, contos, ditados e lendas.

Parte dessa rede cultural, Ciça Fittipaldi promove interven-ções aos relatos populares, como, por exemplo, nas *Histórias de Encantamento*: a sereia é negra bem como o homem que a en-laça. Acompanhando as imagens e folheando o livro podemos reconhecer nas ilustrações as marcas da arte popular das xilo-gravuras e dos entalhes em madeira. Autores como Elias José,

José Paulo Paes e Sérgio Capparelli desenvolveram poemas a partir de fragmentos da poesia folclórica nacional e internacional, entre outros tantos.

Poderíamos nos delongar ainda mais para apresentar os tantos autores e as inúmeras obras que expressam a riqueza da oralidade nos traços escritos da literatura infantil, no entanto nosso espaço nos limita.

Ficar alheio à tradição oral e a seus usos sociais e educacionais é, sem dúvida, ignorar sua dimensão metafórica e lúdica, o valor de sua linguagem e os ensinamentos que guarda, permite, provoca. É preciso abrir-se para esse universo sugestivo no qual tudo pode causar encantamento, mistério e estranheza, atentando para a importância do papel dos gêneros da tradição oral (presentes em obras da literatura infantil) no processo de alfabetização e nas práticas de letramento, pois para além de possibilitarem que se leve em consideração o referencial trazido pela criança por meio das canções, quadrinhas, adivinhas, ditos populares, mitos, contos, lendas etc., permitem que se promova um necessário e prazeroso passeio pelo universo infantil dando vez e voz à criança para que ela se constitua sujeito protagonista no processo de alfabetização e nas práticas de letramento na sala de aula.

Por uma ação reflexiva

Considerando as aproximações históricas entre a literatura infantil e a tradição oral, até que ponto a leitura de livros infantis com gêneros da tradição oral tem oportunizado em sala de aula um diálogo que envolva e respeite o repertório das crianças e da comunidade do entorno escolar? De que modo posso vincular em sala de aula os diferentes gêneros da tradição oral com os mais diversos gêneros textuais possibilitando momentos de reflexão sobre a língua em seus diversos usos sociais?

Proposta prática:
alfabetizar letrando com adivinhas e mitos

Adivinhas

De acordo com Cascudo (1998, p. 33), adivinha, adivinhação ou enigma é "um gênero universal, favorito de todos os povos em todas as épocas". Não existe, entre os gêneros da tradição oral, afirma Cascudo (1984, p. 67), nenhum outro "que apresente maior número de obras-primas de síntese, de originalidade e de sabedoria, de graça e de iro-nia. [...] Nas adivinhas há, universalmente, fór-mulas para iniciar". Iniciação. Este é o mote. As adivinhas, principiadas com frequência por palavras que anunciam o enigma "O que é o que é?", prestam-se à iniciação na linguagem, em seus mistérios metafóricos e poéticos, em seus não ditos. Elas constituem, por si mesmas, jogos que apresentam, inerentemente, segredos, mistérios, suposições. Para Gomes e Ferreira (2003, p. 10-11):

> *Cada palavra é uma possibilidade e cada possibilidade é uma hipótese a ser considerada. Adivinhar é unir partes, juntar ideias, concluir características a fim de que se chegue a conceitos e definições. [...] Adivinhar, nesse sentido, é encontrar respostas para perguntas previamente feitas e previamente conceituadas; no entanto, é também permitir-se viajar por hipóteses, muitas vezes distintas das respostas, que identificam a aprendizagem do raciocínio dedutivo.*

Terzi (1995), ao propor o estímulo à busca do conteúdo daquilo que é lido, sugere o uso de textos cujo entendimento é "imprescindível para a execução das tarefas propostas, como, por exemplo, textos do tipo 'descubra quem sou'" (Terzi, 1995, p. 108). A busca do conteúdo do que se lê em enigmas e em adivinhações, como proposta nas atividades sugeridas neste capítulo (tanto as desta seção envolvendo adivinhas e seres mitológicos como na que se segue na seção "Para além da sala de aula", deste mesmo capítulo), possibilita aos alunos em processo de alfabetização e letramento a percepção da "escrita como outra maneira de fazer sentido, as crianças passam a comparar as duas modalidades da língua" (Terzi, 1995, p. 108).

Propomos, para o trabalho com adivinhas nas práticas de letramento em meio ao processo de alfabetização, uma atividade unindo dois jogos: o jogo das adivinhas e o jogo de forca. Sugerimos a divisão da turma em equipes (de duas a cinco). É indicado que os alunos com maior ou menor dificuldade de leitura sejam distribuídos equitativamente entre os grupos, para que estes estejam cognitivamente equilibrados.

Elabora-se o maior número possível de cartões. Cada cartão terá uma adivinha (sem resposta) e será numerado para favorecer ao professor localizar a resposta (o professor terá em mão uma lista com todas as respostas numeradas). Cada grupo escolherá um cartão por vez. O cartão escolhido será visto em princípio somente pelo professor, que observará seu número, consultará a lista de respostas e colocará no jogo de forca desenhado no quadro o número de espaços correspondente às letras da resposta (sugerimos que, na frente de cada palavra da lista, seja disposta a quantidade de letras, como no exemplo mais adiante). Em seguida, ele entregará o cartão com a pergunta ao grupo, que fará, por si, sua leitura em voz alta, relendo e interpretando a adivinha quando se fizer necessário.

Por exemplo, caso o grupo "1" tenha sorteado o CARTÃO 4, depois de o professor colocar abaixo da forca os sete traços correspondentes ao número de letras da resposta ("LÁGRIMA")

 e entregar-lhes o cartão, um participante do grupo fará a sua leitura em voz alta. A partir de então, o grupo estará livre para dizer a palavra final, caso suspeite da resposta completa.

No entanto, caso a resposta não seja "exata" (caso diga, por exemplo: "CHUVISCO" – resposta errada), será desenhada na forca uma das seis partes do corpo de um boneco na seguinte ordem: cabeça, corpo, braço direito, braço esquerdo, perna direita, perna esquerda. O grupo poderá, então, optar por buscar letras para elucidar a charada. Se disser a letra "A", terá os espaços destinados à letra "A" preenchidos com esta letra (segunda e sétima letras). Se disser depois a letra "C" (a palavra "LÁGRIMA" não tem a letra "C"), será desenhado o corpo abaixo da cabeça já desenhada.

A qualquer momento (de maneira organizada), um aluno do grupo poderá tentar dar a resposta final; então, caso acerte, irá até o quadro escrever a resposta (sob a orientação do professor, que nesse momento não considerará os erros no cômputo dos pontos, e sim orientará o aluno na produção escrita). A cada tentativa de palavra ou letra equivocada, o grupo receberá uma parte a mais do boneco da forca. Caso erre seis vezes, ou seja, tenha completado as seis partes do boneco, o grupo não ganhará nenhum ponto naquela rodada e passará a vez. O número de pontos de cada rodada corresponde ao número de partes do corpo do boneco que não foram desenhadas (de um a seis) e será somado aos pontos já adquiridos. Outras regras e outros incrementos ao jogo poderão ser incluídos em comum acordo pelo professor ou pela turma.

Apresentamos a seguir algumas adivinhas, ressaltando que outras poderão ser acrescentadas a partir de livros ou do repertório pessoal do professor:

▸ Cartão 1

São luzes que não têm fio,
Quietas e agitadas.
Dormem por todo o dia,
Mas à noite estão acordadas.

▸ Cartão 2

Quando saio pelas ruas,
Às vezes fico guardado.
Só vou para cima
Quando a chuva vem para baixo.

▸ Cartão 3

De tanto esquentar a cabeça,
Acaba morrendo queimado.

▸ Cartão 4

É gota e não vem da chuva,
E nem da terra nasceu.
Salgada sem vir do mar,
Todo mundo já lambeu.

▸ Cartão 5

Em que lugar o ontem vem depois de amanhã
E o amanhã vem antes de ontem?

▸ Cartão 6

Zigue-zague vai passando
Vai comendo sem querer.
O que come cai pra fora,
Engolir não pode ser.

► Cartão 7

Verde por fora,
Branco por dentro.
Uma caixinha fechada
Que está sempre molhada.

► Cartão 8

Mudo, cego e surdo
Faço bem à vaidade.
Mesmo sem nunca falar,
Dizem que falo a verdade.

► Cartão 9

Costuma ser pontual,
Mas pode vir de repente.
Quando viva, incomoda
Só morta fica contente.

Lista de respostas (*para o professor*):

1 - ESTRELAS (8 letras).

2 - GUARDA-CHUVA (6 letras + 5 letras, separadas por hífen).

3 - FÓSFORO (7 letras).

4 - LÁGRIMA (7 letras).

5 - DICIONÁRIO (10 letras).

6 - TESOURA (7 letras).

7 - COCO (4 letras).

8 - ESPELHO (7 letras).

9 - FOME (4 letras).

Sugerimos ainda, para o processo de alfabetização, o livro *ABC doido,* de Angela Lago (1999), publicado pela Editora Melhoramentos. Nele, a autora brinca com as letras do alfabeto, criando jogos de palavras em enigmas e adivinhas que, de modo lúdico, aguçam a curiosidade do leitor:

> *Agora pensa...*
> *Espera!*
> *O que falta*
> *Numa aula*
> *Para ser*
> *Uma aula de fera?*
>
> *A letra j.*
> *J + aula = jaula* (Lago, 1999).

A criança lê a pergunta na página da esquerda apreciando as ilustrações da autora presentes na página da direita, enquanto as respostas estão ocultas sob as ilustrações na dobra interna da página da direita. Sugerimos ao professor que, após lançar a adivinha, deixe as crianças procurarem por si desvendar o enigma, buscando provocar a busca pela resposta em vez de revelá-la imediatamente. Por fim, ao apresentar a solução da questão, tratará de demonstrar sua relação com a pergunta, favorecendo desse modo a produção de sentido por parte do aluno.

Mitos

Um caçador adentra a Floresta Amazônica. Depois de um tempo caminhando sem sucesso em sua expedição de caça, ele tenta retornar, mas encontra-se perdido e, por mais que tente refazer em sentido inverso os próprios passos, mergulha cada vez mais profundamente na floresta densa. Entre as tantas possíveis explicações sobre a "origem" dessa desorientação, conta-se da existência e da aparição de um menino com os pés para trás que confunde com seus passos o rastro do caçador. Portanto, a "origem" desse desaparecimento é esclarecida por meio de um mito, no caso o Curupira, que na descrição de suas características configura-se como ser mitológico, e na narração de seus feitos consolida-se em narrativas mitológicas.

Da Praia de Meaípe, em Guarapari, litoral capixaba, avista-se a Ilha Escalvada, envolta por recifes e mistérios. São relatados desaparecimentos de índios nativos da região (desde tempos remotos), de invasores holandeses (em dada época) e de pescadores

das colônias (até décadas recentes) que, encantados por uma voz e embalados por um canto, mergulham nas ondas ou afundam em canoas, em navios e em barcos para nunca mais voltar. A "origem", ou o mistério, do desaparecimento de homens encantados por uma voz, por um canto, encontra solução em uma figura feminina universal que, para viver na água (ora no mar, ora nos rios e lagos), precisa ter atributos de animais aquáticos (ora peixe, ora serpente). A Iara, bem como a Sereia, a Mãe-d'água, ser mitológico com características gerais variáveis, de acordo com a região ou cultura na qual se insere, e que em Guarapari é conhecida como Sereia de Meaípe faz-se presente nas várias narrativas mitológicas ou lendas locais.

A descrição dos seres que explicam a origem dos mais distintos fenômenos tem por base relatos, depoimentos, narrativas de quem um dia os viu, ouviu, sentiu ou presenciou (ou conhece quem os viu, ouviu, sentiu, presenciou). Enquanto as descrições promovem uma definição do ser mitológico (definição nunca fixa ou permanente em virtude das variações regionais e mesmo das experiências pessoais), as narrativas e as histórias envolvendo o mito (quando localizadas espacialmente em dada região ou fixadas temporalmente em determinada época ou ano e perpetuadas por meio de sua transmissão oral) constituem-se em lendas, gênero da tradição oral com que trabalharemos no próximo capítulo.

Segundo Cascudo (1983, p. 31), os mitos brasileiros provêm de "três fontes essenciais: Portugal, Indígena e África". Na obra *Geografia dos mitos do Brasil*, Cascudo (1983) descreve diversos mitos brasileiros com base em documentos oficiais, livros, relatos e depoimentos, apresentando inicialmente alguns aspectos históricos, geográficos, étnicos e culturais de cada um dos Estados brasileiros de então. Na seção seguinte, descreve os "Mitos primitivos e gerais (Indígenas-Europeus-Africanos)": Tupã; Jurupari; Anhangá; Curupira; Caipora; Saci-pererê; Mboi-tatá; Ipupiaras, botos e mães-d'água; Lobisomem; Mula sem cabeça; Tutu; Cuca; Cabra Cabriola; Bruxa; Mapinguari; Quibungo, entre outros. Posteriormente, na seção "Mitos secundários e locais" e nos "Adendos", o autor apresenta seres de caráter regional. Como atividade para sala de aula, propomos um trabalho envolvendo leitura da descrição de mitos brasileiros da obra *Meu livro de folclore,* de Ricardo Azevedo (Ática, 2004), presentes na seção "Monstrengos da nossa terra": Cavalo de três pés, Pé de garrafa, Onça-boi, Caboclo-d'água, Anta-cachorro, Papa-figo, Boiuna, Domingos Pinto Colchão, Mula sem cabeça, Mãozinha-preta, Lobisomem, Curupira, Saci-pererê. Sugerimos ainda o uso das descrições de mitos do folclore brasileiro apresentados no decorrer da narrativa do livro *O saci,* de Monteiro Lobato (2007), publicado pela Editora Globo, como Saci, Boitatá, Lobisomem, Mula sem cabeça, Cuca, Iara. O professor poderá ainda optar por adaptar para linguagem adequada à faixa etária de sua turma as descrições de seres mitológicos presentes em livros teóricos como o *Dicionário de mitos do Brasil* (Cascudo, 1983), em documentários em vídeo como os da série *Vou te contar,* do Canal Futura, ou em depoimentos pessoais de narradores tradicionais da região, como exemplificamos a seguir:

Saci-pererê

O Saci-pererê é um negrinho encantado que pula de uma perna só, com enorme agilidade, tem as mãos furadas, pita um cachimbo e usa na cabeça uma carapuça vermelha que lhe dá poderes mágicos. Gosta de aprontar traquinagens como azedar o leite, espalhar a lenha, dar nós nas crinas dos cavalos, espantar os viajantes. Dá um assovio fino e longo que parece dizer: "Siiiiit. Siiiiit. Saci-pererê". No norte do Brasil tem a forma de uma coruja e é chamado de Matinta-pereira.

Boitatá

É uma cobra enorme com os olhos de fogo que vive nas águas. Contam que o Boitatá só enxerga à noite e que, para manter seus olhos de fogo sempre acesos, alimenta-se dos olhos dos bichos que já morreram. Quando o viajante topa com o Boitatá, ele precisa fechar os olhos e ficar parado, até o bicho desaparecer.

Caboclo-d'água

Essa criatura encantada é descrita como um homenzinho de barba comprida que toma conta do rio e protege os seres que nele habitam, afundando embarcações e criando redemoinhos. Para não ter sua canoa virada, o barqueiro deve oferecer um pedaço de fumo de rolo ao Caboclo-d'água antes de atravessar o rio. No Rio São Francisco, os barqueiros esculpem carrancas na parte da frente da embarcação (proa) para espantar o Caboclo-d'água e outros seres encantados que por lá aparecem.

Em seguida, o professor fará paráfrases ou explicações do que foi lido para garantir a produção de sentido a partir da leitura, que poderá ser repetida mais de uma vez para favorecer a compreensão (Terzi, 1995). Em meio à apresentação dos mitos, será aberta uma roda de conversa. É comum surgirem questionamentos sobre a existência ou a inexistência dos seres mitológicos. É inegável, como podemos constatar no livro de Cascudo (1983) e mesmo em relatos e depoimentos de pessoas (não apenas da região rural), a existência de alguns desses seres (e de outros mais) no imaginário de muitos de nós brasileiros. Portanto, considerando a relevância do respeito à pluralidade cultural, ressaltamos a importância e a urgência do respeito às crenças e aos

mitos na sala de aula como parte do exercício de respeito à verdade do outro e a sua cultura. Explicar para as crianças que determinado ser pode existir para alguns e ao mesmo tempo pode não existir para outros é fundamental para que elas compreendam a importância de respeitar as verdades concernentes às diferentes culturas e de transitar em uma possível ecologia de saberes (Santos, 2005), em contraposição à monocultura de saber proposta pelo pensamento dominante que tenta calar os saberes populares não oficiais.

É possível que as crianças conheçam um ou outro ser mitológico da coletânea de Ricardo Azevedo, ou mesmo que queiram incluir um novo "monstrengo" à lista, o que poderá ser feito por meio de práticas de escrita. Terminada a leitura, cada criança elaborará individualmente, com as próprias palavras (quando se fizer necessário com a ajuda do professor), uma descrição por escrito de um mito com vistas ao entendimento e à atribuição de sentido por meio da produção escrita, na qual o aluno incluirá características do ser mitológico sem revelar seu nome. Depois, em roda, cada criança lerá seu texto por meio da atividade: "Descubra quem sou", como proposto por Terzi (1995), e a turma tentará descobrir a que mito se refere sua descrição. Ele então dirá se acertaram ou não, revelando em seguida o nome do mito.

Em uma de nossas oficinas, ao realizar esta atividade em sala de aula, percebemos uma reação de medo do Lobisomem por parte de um menino de seis anos de idade. Ele nos disse ao pé do ouvido que não queria participar por ter medo do Lobisomem e pediu para não contarmos nada para seus colegas. Perguntamos por que tinha tanto medo e ele disse ter visto o Lobisomem em um filme e ter sentido "muito medo". Então, lembramos de *Chapeuzinho Amarelo,* de Chico Buarque (2003), publicado pela Editora José Olympio, e perguntamos se ele sabia brincar de transformar o Lobisomem em uma coisa muito engraçada. O menino disse que não, mostrando-se desde o início curioso. Depois, nós lhe perguntamos se queria brincar e ele fez que sim, relaxando um pouco. Então escrevemos em um papel, com letras de forma, a palavra "LOBISOMEM", lhe e pedimos que lesse. Lentamente, o garoto leu. Depois dissemos: "Agora, vamos cortar o Lobisomem ao meio". Ele riu. Apanhamos uma tesoura e cortamos a palavra exatamente entre a letra "I" e a letra "S", separando a palavra em duas partes ante seu olhar atento e curioso: "LOBI" e "SOMEM". Por fim, invertemos a ordem das duas partes da palavra, formando uma nova palavra: SOMEMLOBI, como nos sugere Chico Buarque em seu livro (por exemplo, MONSTROS: TROSMONS, BRUXA: XABRU, DIABO: BODIÁ, LOBO: BOLO). O menino leu e caiu na risada.

A brincadeira rendeu e logo se transformou em uma nova atividade. O menino mostrou o SOMEMLOBI às outras crianças e logo cada uma escreveu (algumas com nossa ajuda) o nome de um mito. Em seguida, em roda, cortamos um nome por vez em um ou mais lugares, sempre nas divisões silábicas e, individualmente, ajudamos os alunos na recombinação das partes, pedindo que cada criança lesse a nova palavra formada (alguns com nossa ajuda). Além da diversão garantida, atestada pelas gargalhadas e pelos risos, praticamos a leitura e a escrita e, ao mesmo tempo, possibilitamos a prática da reinvenção da linguagem, como descrita por Coelho (2006, p. 166):

> Note-se, pois, a arte com que Chico Buarque satiriza o
> medo do lobo... não só no nível da mensagem, mas também
> no nível da palavra: a própria linguagem que dá corpo à in
> terdição e ao medo é transformada (com a plena consciência

do autor de que toda realidade humana só se concretiza, verdadeiramente, no momento em que encontra uma linguagem que a expresse e a transforme em realidade concreta para todos).

Enumeramos a seguir algumas das reinvenções da linguagem propostas pela turma de 1º ano em questão:

"CUCA" virou "CACU", "BOITATÁ" virou "TÁ BOI TÁ", "DRÁCULA" virou "LACUDRA", "FANTASMA" virou "TASFANMA", "MULA SEM CABEÇA" virou "MU-ÇABE SEM CALA".

Livros sugeridos para ações literárias

ABC doido
- Angela Lago
- Ilustrações: Angela Lago
- Editora Melhoramentos

Neste livro, a autora e ilustradora propõe-nos uma deliciosa brincadeira para todas as idades e abre uma porta para as primeiras leituras. A adivinha provoca a curiosidade, e as respostas estão escondidas nas páginas dobradas.

Escuta só... O que é? O que é? (adivinhas de brincar)
- Lenice Gomes
- Ilustrações: Ingrid Biesemeyer Bellinghausen
- Cortez Editora

O livro apresenta adivinhas que oferecem à criança a oportunidade de trocas em busca de respostas e de interações lúdicas com a linguagem e seus encantadores mistérios.

Meu livro de folclore
- Ricardo Azevedo
- Ilustrações: Ricardo Azevedo
- Editora Ática

Da rica literatura popular, o autor pinçou contos, adivinhas, ditados, trava-línguas, trovas, seres mitológicos, frases feitas, parlendas, trovas etc., fazendo um autêntico painel de nossa cultura.

Os animais fantásticos
- José Jorge Letria
- Ilustrações: André Letria
- Editora Peirópolis

Este livro surge como uma galeria onde têm lugar os mais importantes e citados animais fantásticos e seres mitológicos, que ganham vida neste livro que é um objeto de grande beleza estética.

Adivinha só!
- Rosinha
- Editora do Brasil

João só pensa por enigmas. Além disso, ele é apaixonado por uma linda princesa que, por sua vez, é bastante complicada. Em outras palavras, João gosta de coisas difíceis... Um dia, porém, a princesa é raptada e ele precisará resolver várias adivinhas difíceis para salvá-la.

Para além da sala de aula:

caça ao tesouro

A atividade "Caça ao tesouro com adivinhas" (aqui proposta) poderá ser feita em grupos ou individualmente. Tivemos a oportunidade de realizá-la individualmente, como aqui descreveremos.

Em primeiro lugar, é necessário imprimir e copiar a quantidade necessária de pistas de acordo com o número de grupos ou de alunos (caso seja individual). Deve-se cuidar para que os alunos que tiverem feito o circuito não se encontrem com os que ainda não tenham participado. Na aplicação aqui descrita, quem havia concluído a busca esperava na biblioteca, enquanto a estagiária permanecia em sala com

os alunos que não haviam participado da atividade, mandando-
-os, um a um, para que o professor os acompanhasse individualmente no circuito: alguns o completavam sem ajuda sendo
observados a distância, outros precisavam de um auxílio mais
direto. Todos foram orientados a pegar apenas uma pista entre
as várias que haviam sido colocadas em cada local.

Depois de imprimir e copiar as pistas, guarda-se a de número "1", que será entregue a cada aluno (ou grupo). Cada
pista contém a resposta da adivinha anterior; por exemplo, a
pista 1 será entregue a um aluno na sala de aula e o conduzirá
ao balanço. Então, ao chegar ao balanço, ele encontrará a pista
seguinte (na qual estará escrita a resposta da pista 1 e uma
nova pista, a número 2).

Antes de começar a brincadeira, o professor colocará as pistas nos seguintes locais: a pista 2 no balanço; a pista 3 no bebe-
douro; a pista 4 na porta da biblioteca; a pista 5 no refeitório; a
pista 6 em uma sacola do lado de fora da porta da sala; a pista 7
no escorregador; a pista 8 na sala de artes. O tesouro (que, no
nosso caso, era um "doce de abóbora" para cada aluno) ficará
próximo à trave da quadra (colocávamos um doce por vez). Buscamos realizar a atividade no horário de aula e de menor circu-
lação de alunos no pátio e nas quadras, cuidando para que
nenhum outro aluno retirasse as pistas.

▸ Pista 1: Partida da sala de aula

Balança bem alto
Pra frente e pra trás,
Balança que só,
Quero sempre mais.

▸ Pista 2: Balanço

Depois de brincar,
Depois de falar,
Depois de correr:
Água de beber.

▸ Pista 3: Bebedouro

Tenho muitos livros
Palavras sem-fim,
Se você quer ler
Vem logo pra mim.

▸ Pista 4: Biblioteca

Sacola vazia,
É bom que se aprenda,
Pra ficar em pé,
Precisa merenda.

▸ Pista 5: Refeitório

Quando você passa
Pra dentro e pra fora
Da sala de aula,
Abro sem demora.

▸ **Pista 6: Porta da sala**

Depois de uma escada
Descendo, escorrego.
Sentado vai bem,
De pé não convém.

▸ **Pista 7: Escorregador**

Diga se souber
Quantas são as partes
De tinta que guarda
A obra de arte.

▸ **Pista 8: Sala de artes**

Na quadra ou no campo,
Na chuva ou no sol,
Você vai me achar
Onde fazem gol.

▸ **Chegada: Trave da quadra**

Parabéns!

Sempre que fosse preciso, auxiliávamos na busca, dizendo, quando um aluno seguia o caminho errado ou procurava em local distante do indicado: "Está frio" ou "Vai congelar". Quando ele se aproximava do local da nova pista, dizíamos: "Está quente", aumentando a expressividade e intensidade do "calor" quanto mais próximo ele estivesse da pista: "Está muito quente", "Queimando", "Vai pegar fogo". Caso se afastasse repentinamente, nós o alertávamos: "Esfriou", até que encontrasse a nova pista.

Para conhecer mais

CASCUDO, Luís da Câmara. *Geografia dos mitos brasileiros*. Belo Horizonte: Itatiaia; São Paulo: Edusp, 1983.

COELHO, Nelly Novaes. *Panorama histórico da literatura infantil/juvenil*: das origens indo-europeias ao Brasil contemporâneo. 4. ed. São Paulo: Ática, 1991.

GOMES, Lenice; FERREIRA, Hugo Monteiro. *Pelas Ruas da Oralidade*: adivinhas, parlendas, trava-línguas, provérbios e trancoso. São Paulo: Paulinas Editorial, 2003.

LAJOLO, Marisa; ZILBERMAN, Regina. *Literatura Infantil*: história e histórias. 4. ed. São Paulo: Ática, 1984.

MÉLO, Veríssimo de. *Adivinhas*. Natal: Sociedade Brasileira de Folk-lore, 1948.

↘ CAPÍTULO 4

Os narradores tradicionais e a escola

Lendas e contos tradicionais

Temos que tentar devolver o gosto e a confiança na oralidade, o prestígio da arte verbal, a discussão sobre as hipóteses relativas ao que seria a escrita, a leitura oral em voz alta de livros escritos e impressos e a discussão dos seus conteúdos, comparados com conteúdos de histórias de tradição oral (Gnerre, 1998, p. 61).

Breve histórico da decadência da oralidade no Ocidente moderno

Se, na década de 1930, o filósofo alemão Walter Benjamin (1979) já nos alertava para o processo de decadência tanto do ato de narrar quanto da valorização da experiência compartilhada no decorrer da instauração e da consolidação da Modernidade, nos idos dos anos 1980 o linguista italiano Maurizio Gnerre (1998) criticava o mecanismo de poder fundado em crenças que defendem ideologicamente a superioridade da escrita sobre a fala.

Para Gnerre (1998), ao tratar negativamente a fala, a superioridade da escrita tornou-se contraditória à democracia, pois, se a proposta democrática é a extinção de qualquer tipo de preconceito étnico, político e religioso, a superioridade da escrita mantém preconceitos linguísticos, educacionais, e, consequentemente, culturais ao promover a discriminação tanto dos falares de determinados grupos sociais quanto dos saberes neles propagados. Portanto, na sala de aula, saberes e falares são calados a cada vez que a escrita é imposta sem o devido respeito à oralidade dos alunos que os proferem.

No entanto, ao nos perguntarmos que aspectos históricos teriam conduzido à superioridade da escrita sobre a fala na nossa sociedade, sentimo-nos instigados a iniciar justamente pela decadência da narração em *O narrador*[7], de Benjamin (1979), para assim buscarmos entender o que representam os últimos quinhentos anos para a figura do narrador na história da humanidade.

Se considerarmos o ato de contar histórias como algo inerente às sociedades há dezenas de milhares de anos, podemos dizer que as mudanças sofridas por tal prática na sociedade ocidental nos últimos quinhentos anos, e de forma ainda mais intensa no último século, correspondem a uma transformação brusca e recente da capacidade do homem de transmitir as suas tradições às novas gerações. Segundo Benjamin (1979, p. 57),

> *a arte de narrar caminha para o fim. Torna-se cada vez mais raro o encontro com pessoas que sabem narrar alguma coisa direito. É cada vez mais frequente espalhar-se em volta o embaraço quando se anuncia o desejo de ouvir uma história. É como se uma faculdade, que nos parecia inalienável, a mais garantida entre todas as coisas seguras, nos fosse retirada. Ou seja: a de trocar experiências.*

---

7 - No ensaio *O narrador*, de título original *Der erzähler*, Walter Benjamin traça uma visão panorâmica da narração na sociedade ocidental desde o fim da idade média até os tempos atuais. O termo "narrador", tomado a partir da tradução por nós utilizada da obra de Benjamin (1979), será considerado equivalente a *contador de histórias* (uma de suas possíveis traduções).

Na Europa, até a Idade Média, era comum a coexistência de dois tipos arcaicos de contadores de histórias anônimos: os nômades e os sedentários. No primeiro grupo, encontramos os viajantes, os marinheiros mercantes e os narradores errantes que traziam histórias das terras distantes. "Quando alguém faz uma viagem, então tem alguma coisa para contar, diz a voz do povo" (Benjamin, 1979, p. 58). No segundo grupo, encontramos os trabalhadores da terra que, vivendo de seu trabalho, conheciam as histórias e as tradições do local onde viviam. No entanto, pelo fim da Idade Média, surgiu um novo tipo de narrador, que correspondia à fusão dos grupos citados anteriormente. Essa maneira de narrar se corporificava nos artesãos. Nas oficinas, o mestre sedentário trabalhava com os aprendizes volantes, e todo mestre, antes de se estabelecer em uma terra, havia sido aprendiz volante. Nesse contador de histórias, uniam-se o conhecimento de terras distantes e o conhecimento das tradições locais.

O romance entra em cena

Benjamin considera o advento do romance no início da Idade Moderna como primeiro indício do processo decadente da narrativa. O romance depende essencialmente do livro, e o que o distingue da narrativa é o fato de o primeiro não derivar da tradição oral, nem nela desaguar.

O estabelecimento da nação moderna, da moeda nacional, dos bur-
gos (cidades) e do capitalismo como
sistema econômico predominante
trouxe, entre tantas outras mudanças
na vida das pessoas, a divisão do tra-

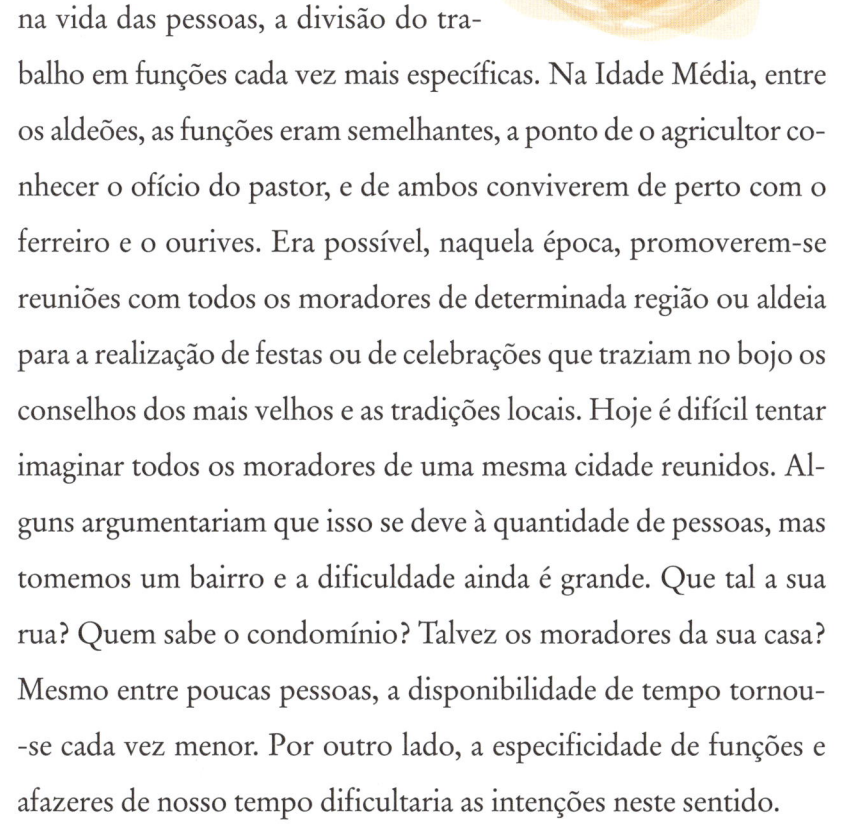

balho em funções cada vez mais específicas. Na Idade Média, entre
os aldeões, as funções eram semelhantes, a ponto de o agricultor conhecer o ofício do pastor, e de ambos conviverem de perto com o
ferreiro e o ourives. Era possível, naquela época, promoverem-se
reuniões com todos os moradores de determinada região ou aldeia
para a realização de festas ou de celebrações que traziam no bojo os
conselhos dos mais velhos e as tradições locais. Hoje é difícil tentar
imaginar todos os moradores de uma mesma cidade reunidos. Alguns argumentariam que isso se deve à quantidade de pessoas, mas
tomemos um bairro e a dificuldade ainda é grande. Que tal a sua
rua? Quem sabe o condomínio? Talvez os moradores da sua casa?
Mesmo entre poucas pessoas, a disponibilidade de tempo tornou-
-se cada vez menor. Por outro lado, a especificidade de funções e
afazeres de nosso tempo dificultaria as intenções neste sentido.

Da nova divisão do trabalho, herdamos funções tão específicas e diferentes entre si como as de operador de forno de alta
pressão, gestor de projetos, técnico em soldagem subaquática e
outras incontáveis atribuições cada vez mais distintas umas das
outras. Com isso, as dificuldades e os problemas também ganham

especificidade. Um professor pode dizer a um gerente de banco: "Você não imagina o trabalho que eu tenho corrigindo provas ou preparando aulas que nem sempre consigo ministrar". O gerente pode retrucar: "O meu trabalho é ainda pior. Você sabe o que é lidar com um cliente insatisfeito, com risco de assalto e com clonagens de cartão?" Os "ossos dos tantos ofícios" são percebidos como individuais e, a cada dia, parece ficar mais difícil imaginar ou compreender o tamanho do fardo que o outro carrega.

Ao comparar o contador de histórias tradicional ao romancista moderno, Benjamin (1979, p. 60) conceitua o narrador como aquele que aconselha e usa a matéria da vida vivida para compartilhar experiências, despertar sabedoria.

> *O narrador colhe o que narra na experiência, própria ou relatada. E transforma isso outra vez em experiência dos que ouvem sua história. O romancista segregou-se. O local de nascimento do romance é o indivíduo na sua solidão, que já não consegue exprimir-se exemplarmente sobre os seus interesses fundamentais, pois ele mesmo está desorientado e não sabe mais aconselhar.*

Isso se deve ao fato de a modernidade ter nos trazido (com a constituição das cidades em uma nova divisão territorial urbana a partir da definição da célula familiar) uma unidade mínima habitacional chamada quarto, espaço que delineia, demarca e materializa o conceito de individualidade. E é justamente nesse local em que o indivíduo se encontra com sua solidão que nasce o romance. No documentário *Histórias* (produzido por Benita Prieto, dirigido por Paulo Siqueira e com roteiro de Marcio Allemand), o artista Boniface Ofogo Nkama afirma: "O texto escrito é um ato individual, de alguma maneira é um ato egoísta; contar histórias, por sua vez, é um ato coletivo" (Histórias, 2006).

A era da informação

Se a consolidação das nações e da burguesia forneceu os elementos necessários ao florescimento do romance, preexistente desde a Antiguidade, o domínio burguês emergente favoreceu o surgimento da imprensa como forma de comunicação e instrumento fundamental para o capitalismo. A burguesia encontra na imprensa uma maneira eficaz de expressar-se por meio da publicação dos romances e de comunicar-se por meio da emissão de textos informativos. Para Benjamin (1979, p. 61), a informação ameaça a narrativa de forma ainda mais brusca que o romance:

> *O que mais atrai a audiência, agora, já não é a notícia que vem de longe, mas a informação que oferece um ponto de apoio para o que é mais próximo. A notícia que vinha da distância – fosse ela a distância espacial de terras estranhas ou*

a temporal da tradição – dispunha de uma autoridade que lhe conferia validade, mesmo nos casos onde não era submetida a controle. A informação, porém, coloca a exigência de pronta verificabilidade. O que nela adquire primazia é o fato de ser "inteligível por si mesma". Frequentemente ela não é mais exata do que fora a notícia de séculos precedentes. Mas ao passo que esta gostava de recorrer ao milagre, é indispensável à informação que soe plausível. Se a arte de narrar rareou, então a difusão da informação teve nesse acontecimento uma participação decisiva.

Os informativos chegam-nos às mãos logo no início do dia, trazendo notícias recentes em fatos carregados de informações, mas carentes das experiências e de conselhos comuns à  narrativa. A informação tem seu valor enquanto é nova. Basta verificar tal fato na quantidade de informativos diários, semanais e mensais que são lidos e, logo em seguida, dispensados. O jornal da semana anterior é considerado ultrapassado no âmbito da busca pela informação. E, a cada dia, as coisas tendem a se tornar mais rapidamente descartáveis. O avanço tecnológico traz em seu imediatismo modelos de aparelhos e de máquinas que tornam obsoletos seus antecessores em poucos anos. Um guarda-roupa, por exemplo, comprado há quinze anos, pode ser considerado velho. Uma máquina de lavar com dez anos também.

Um celular ou um computador de cinco anos está muito antigo. A forma de vida nascente nessa sociedade do descartável também atinge os contatos e os contratos humanos, que passam a ser vistos como descartáveis e substituíveis.

Se a informação tem prazo de validade cada vez menor, a narrativa, por outro lado, não se exaure; ela mantém sua força e sua sabedoria mesmo passados anos, séculos ou milênios. "Assemelha-se aos grãos de semente que, durante milênios hermeticamente fechados nas câmaras das pirâmides, conservaram até hoje sua força de germinação" (Benjamin, 1979, p. 62).

Há um provérbio popular que costuma ser dito com frequência: "Se conselho fosse bom, ninguém dava, vendia". Atestamos, nessa frase comumente repetida na nossa sociedade, de um lado, a desvalorização do conselho e, de outro, a questionável equiparação entre valor e preço (como se o valor, o que leva algo a ser bom, dependesse da atribuição de preço de venda). A respeito do aconselhamento, Benjamin (1979, p. 59) revela:

> *O narrador é um homem que dá conselhos ao ouvinte. Mas se hoje "dar conselhos" começa a soar nos ouvidos como algo fora de moda, a culpa é da circunstância de estar diminuindo a imediatez da experiência. Por causa disso não sabemos dar conselhos nem a nós, nem aos outros. O conselho é de fato menos resposta a uma pergunta do que uma proposta que diz respeito à continuidade de uma história que se desenvolve agora. Para recebê-lo seria necessário, primeiro de tudo, saber narrá-la.*

(Sem levar em conta que uma pessoa só se abre a um conselho na medida em que verbaliza a sua situação.) O conselho entretecido na matéria da vida vivida, é sabedoria. A arte de narrar tende para o fim porque o lado épico da verdade, a sabedoria, está agonizando. Mas este é um processo que vem de longe. Nada seria mais tolo do que querer vislumbrar nele apenas um "fenômeno da decadência" – muito menos ainda "moderno". Ele é antes uma manifestação secundária de forças produtivas históricas seculares que aos poucos afastou a narrativa do âmbito do discurso vivo, ao mesmo tempo em que tornava palpável uma nova beleza naquilo que desaparecia.

O distanciamento da morte na sociedade ocidental

Outro tema abordado por Benjamin diretamente ligado à decadência da arte de contar histórias é a atrofia da ideia de eternidade que culmina, em nosso tempo, com o distanciamento que, cada vez mais, buscamos da morte. O escritor Aldous Huxley ilustra essa tendência em sua obra *Admirável Mundo Novo*. No Mundo Novo de Huxley (2001), os cidadãos não convivem com a morte. A juventude é mantida estável com o uso de fármacos que retardam a velhice. Por volta dos sessenta anos de idade, o indivíduo sofre um envelhecimento acelerado antes de sua total decrepitude e é isolado da convivência social em um hospital, onde morre sob o efeito de sedativos, para, em seguida, ser cremado em um lugar distante. Essa prática é considerada comum e aceita pelos cidadãos do Novo Mundo de Huxley (2001), previamente educados para essa forma de vida.

Em nossa sociedade, a ausência da morte nos círculos familiares, efetivada por meio de ritos higiênicos e sociais, privados e públicos, impede que as pessoas vivam a experiência de ser acompanhadas, no momento de sua morte, por aqueles que lhes são mais próximos. Os hospitais e os asilos atestam tal realidade. Quando se aproximam do momento da morte, os cidadãos são encaminhados por seus herdeiros a locais especializados no encaminhamento burocrático e técnico da morte. O prolongamento da vida por meio de sedativos, de tubos e de máquinas substitui o acompanhamento do moribundo por familiares e por amigos. Sobre essa temática, Benjamin (1979, p. 64) escreveu:

> *Morrer, fora outrora um processo público e altamente exemplar (pense-se nas imagens da Idade Média, nas quais o leito de morte se metamorfoseava num trono, de encontro ao qual, através das portas escancaradas da casa mortuária o povo ia-se apinhando). Morrer, durante a Era Moderna, é cada vez mais repelido do mundo perceptível dos vivos. Antigamente não havia uma casa, quase nem um quarto, em que alguém já não tivesse morrido.*

Esse afastamento da morte traz consigo a desvalorização da experiência decorrente do processo de maturidade humana. O contador de histórias Horácio Santos, o Lalo, na ocasião de sua vinda ao Simpósio Internacional de Contadores de Histórias, realizado em 2002, no Rio de Janeiro, contou-nos que em Cabo Verde, sua terra natal, os mais moços costumam se reunir para escutar histórias dos "Homens Grandes" e das "Mulheres Grandes", pessoas que transmitem as tradições e experiências de seu repertório de histórias e que, tendo nascido há mais tempo, em vez de serem chamadas de velhos e de velhas, têm sua grandeza evidenciada: "Homem Grande" e "Mulher Grande".

Na correria da vida moderna, é muito raro nos permitirmos apreciar os conselhos que o tempo descansa nas histórias das Mulheres Grandes e dos Homens Grandes. No entanto, alerta-nos Benjamin (1979), esse afastamento cada vez maior da experiência e da sabedoria presente nos relatos de quem viveu mais e nos aconselha por meio de sua fala é concomitante ao distanciamento da morte em nossa sociedade. Segundo Benjamim (1979, p. 64):

> *Não é só o saber ou a sabedoria do homem, mas acima de tudo sua vida vivida – a matéria de onde surgem as histórias – que assume forma transmissível primeiro naquele que morre. Da mesma maneira como no íntimo do homem entra em movimento, com o correr da vida, uma sequência de imagens – que consiste nos pontos de vista da própria pessoa, entre os quais sem se aperceber ele encontra a si mesmo – aos seus gestos e*

*olhares incorpora-se de repente o inesquecível e transmite, a
tudo que lhe disse respeito, a autoridade de que até o mais mi-
serável pé de chinelo dispõe diante dos vivos, na hora de mor-
rer. Esta autoridade está na origem da narrativa.*

Esse mesmo distanciamento da morte,
das narrativas e da tradição oral transmitida pelos mais velhos, agravada com o
advento do rádio, da televisão e da internet, põe-nos diante de um momento
em que a sala de aula se vê habitada de um
lado por gerações que desaprenderam a arte de contar histórias,
de outro por gerações que desaprenderam a arte de escutar.

Século XX: mudanças aceleradas

Se, a partir de Benjamin, é possível detectarmos uma desvalorização crescente da narração ocorrida nos últimos
cinco séculos, foi no século passado que experimentamos
com ainda maior intensidade esse processo. Na década de 1930,
em plena "era do rádio", quando essa decadência começava a se
fazer perceptível aos espíritos mais atentos e sensíveis, Walter
Benjamin publicava seu ensaio *O narrador*. Observemos o que

ocorria nos grandes centros urbanos nesse período e como o avanço tecnológico imprimiu mudanças ainda mais bruscas na arte de contar histórias, de modo a deslocar o sujeito narrador do espaço que anteriormente ocupava para novos espaços. Não apenas o narrador mudou. Os espaços de narrar também mudaram. E, é claro, os ouvintes, os modos de ouvir, de escutar, de ver e de comunicar-se também se transformaram substancialmente. Por meio de uma breve retrospectiva ficcional, em uma das tantas possíveis histórias do século XX, tentaremos compreender, juntos, o caráter dessas transformações:

- ► **1903.** Um homem retorna de seu trabalho por uma rua calçada com pedras. Passa por cavaleiros, por carroceiros e por pessoas caminhando a pé. Cumprimenta quase todos os transeuntes que encontra em seu caminho, até chegar à rua onde mora. Passa por outro homem que tem por função acender os lampiões que iluminam as vias públicas. Ao chegar a sua casa, abre a imensa porta com uma chave enorme, acende o lampião e duas lamparinas e escuta, vindo da casa vizinha, o primeiro choro estridente de um bebê que acaba de nascer com o acompanhamento de uma parteira, em pleno Rio de Janeiro. Sua mulher presta auxílio e acompanha o trabalho de parto na casa ao lado; as crianças, sentadas na calçada, escutam histórias contadas por uma antiga escrava. Mais tarde, em torno da mesa de jantar, todos trocam histórias, contam o que ocorreu durante o dia, o que viram e escutaram, falam da cidade, da vizinhança, da vida. Nesse antigo ritual eles *se reúnem, trocam olhares e compartilham suas vozes.*

▶ **1937.** Aquele bebê, "nascido de parteira" em 1903, conta 34 primaveras de vida. Ele, agora um homem, volta de bonde do trabalho, um bonde que caminha sobre trilhos que cruzam as ruas, cumprimenta grande parte dos passageiros, o motorneiro e o cobrador. Todos são seus conhecidos e companheiros das viagens rotineiras. Desembarca próximo a sua casa e caminha pela via iluminada por lâmpadas elétricas. No céu, vê o dirigível Graf Zeppelin. Na rua, vê motoristas e pedestres, identificando a maioria deles. Ao chegar a sua casa, abre a comprida porta do sobrado onde mora com uma chave ainda bem grande (daquelas de um tempo em que ainda era possível ver o outro lado da porta através do buraco da fechadura). Em casa, sua família se reúne no começo da noite, na sala de jantar. O rádio é a atração principal. Todos, juntos, escutam as histórias contadas pela caixa enorme que transforma ondas eletromagnéticas em ondas sonoras, transmitindo músicas, jogos de futebol, informações, histórias e romances. Durante a transmissão das radionovelas, os ouvintes dão vazão à imaginação. A partir do som gerado por cascas de coco, cada ouvinte imagina um cavalo di-

ferente. O rosto da mocinha e o semblante do coronel (personagens da radionovela) são uma criação mental pessoal. Todos ainda *se reúnem* e *trocam olhares*, embora durante a história já não possam *compartilhar suas vozes* à vontade, pois, para escutar o que o rádio traz de tão longe, é preciso silêncio.

▸ **1969.** O bebê nascido de parteira na cidade do Rio de Janeiro em 1903 já se tornou avô, conta seus 66 anos de idade e mora em um apartamento situado no oitavo andar de um prédio com elevador de porta pantográfica. Seu neto mais velho regressa da escola em um ônibus que trafega pelo asfalto da cidade, e muito raramente o adolescente encontra algum conhecido no coletivo. Ele chega a sua rua e nela cumprimenta poucas pessoas. Em seu prédio, os vizinhos são seus conhecidos. Ele sobe pelo elevador, chega à porta do apartamento e abre-a com uma chave menor e mais fina (daquelas que usamos hoje em dia e que já não permitem enxergar através do buraco da fechadura). O moço cumprimenta os pais e o avô e, juntos, jantam. Depois do jantar, todos se sentam na poltrona da sala para assistirem aos programas no televisor preto e branco, uma caixa enorme com algumas luzes acesas dentro (as antigas válvulas) e com um anteparo azul (ou tricolor) disposto na frente da tela, para que a imagem não seja, de todo, acinzentada. As histórias exibidas na televisão pelas telenovelas já não favorecem tanto quanto antes a criação de imagens mentais: a imaginação, pois as imagens já vêm prontas. No entanto, todos ainda *se reúnem*, embora durante a história televisionada já não possam *trocar olhares* nem *compartilhar suas vozes*.

▸ **2003.** O bisneto daquele bebê nascido de parteira em 1903 retorna a sua casa de metrô, um trem que cruza a cidade em alta velocidade por uma via subterrânea. Não encontra sequer um conhecido no amplo e populoso vagão. Desce em uma estação e é conduzido pela multidão do vagão à escada rolante. Sobe seguindo o fluxo e chega à superfície em meio a um verdadeiro estardalhaço de buzinas, sirenes, anúncios ambulantes e turbinas de avião. Não reconhece absolutamente ninguém em seu caminho. Atravessa a faixa de segurança com um grupo enorme de pessoas desconhecidas, enquanto os motoristas, de dentro dos carros parados, aguardam ansiosamente que a luz verde do sinal se acenda para acelerarem desesperadamente seus veículos. O rapaz segue avenidas e dobra esquinas margeadas por altíssimos edifícios até chegar ao prédio onde mora. Entra sem cumprimentar o porteiro, toma o elevador com outros vizinhos que conhece apenas de vista, mas que nem sempre faz questão de cumprimentar, e permanece em silêncio, mirando o infinito, enquanto aguarda a chegada ao 17º andar. Então, caminha pelo longo corredor até o apartamento onde mora, um dos dezesseis daquele piso. Ele abre as três chaves que trancam a porta, entra em seu apartamento e fecha cada uma das três fechaduras, para sentir-se um pouco mais seguro. Em seguida, abre a porta do quarto, entra e tranca-a, jogando as coisas na cama para ligar seu computador. Acessa a internet, lê, escuta e assiste às tantas histórias que chegam diariamente em seu correio eletrônico ou que se fazem disponíveis nos tantos *sites*. Por fim, acessa um programa de bate-papo a distância e encontra o amigo que habita o quarto ao lado, no mesmo apartamento. Já *não se reúnem* corporalmente, *não trocam olhares* diretamente, *nem compartilham suas vozes* pessoalmente.

Depois de algumas horas, os dois, pelo computador, concordam em pedir uma *pizza* por telefone. Por fim, encontram-se na sala do pequeno apartamento. Enquanto isso, aquele bebê, nascido de parteira no que hoje chamamos metrópole, está vivo, em 2003, tendo completado um século de vida, talvez em um hospital, em um quarto  de apartamento, em um abrigo para idosos, ou em uma casa no interior em meio à natureza, próximo a uma praia, quiçá contando para quem queira escutar, em sua voz pausada e cansada, fragmentos preciosos de um século de histórias.

Considerar o espaço da sala de aula terreno propício para o encontro entre gerações é de extrema importância para que ocorra o resgate da tradição oral. As diversas manifestações da tradição oral presentes na memória dos avós e dos pais dos alunos, bem como das crianças e dos adolescentes, possibilitam a coexistência de constelações etárias. Ao mesmo tempo que quadrinhas, ditados, lendas, anedotas, parlendas e contos tradicionais são transmitidos dos adultos às crianças, os próprios alunos encarregam-se de realizar entre eles próprios essa transmissão. Tais narrativas, em alguns momentos, subvertem as estratégias do poder, permeando e constituindo o currículo. Segundo Ferraço (2007, p. 90), isto se dá em virtude de se tratar, neste âmbito, de

currículos que não se deixam aprisionar todo o tempo por iden-
tidades culturais ou políticas, originais ou fixas. Currículos que
ameaçam, em alguns momentos, o discurso oficial de uma pro-
posta única e coerente para todo o sistema. Currículos que, em
suas práticas, abrem brechas que desafiam o instituído.

Ao considerarmos a escola como espaço em que esses saberes populares se efetivam, considerando ainda essa transmissão e
essa rede de saberes como constituintes do currículo que, como
um todo, abrange tanto os saberes prescritos e instituídos transmitidos oficialmente pela escola quanto os saberes trazidos pelos
alunos, pela comunidade do entorno escolar, pelos funcionários
da escola, estaremos reconhecendo o amplo espectro de constelações de saberes provenientes de várias faixas etárias e de diferentes culturas. Algo que pode nos trazer a agradável sensação de
olharmos para o céu em noite estrelada e percebermos os tantos
raios de luz que nos chegam. Alguns recentes, saídos a minutos
de sua fonte (como os raios de luz do Sol refletidos pela Lua ou
pelos outros planetas, nossos vizinhos). Outros mais antigos, que
nos tocam depois de viajarem por anos, décadas, séculos, milênios, provindos de suas estrelas. Assim, as experiências decorrentes do convívio com os saberes provindos de pessoas de idades
diversas, bem como as experiências do convívio intergeracional
(que deve ser estimulado e tornado prática corrente nas escolas),
constituem um vasto repertório de tradições, o mosaico vivo da

tradição oral, sempre em constante refazimento e composto de identidades que se entrelaçam e se constituem umas às outras.

Gilka Girardello (2012, p. 45), em seu artigo "Na clareira do presente", afirma que, nos diálogos narrativos entre as gerações, fica evidente a preciosidade dos encontros entre crianças e idosos.

> *A força desse encontro talvez tenha a ver com o fato de que ambos, em geral, têm mais tempo livre em seu cotidiano [...] e por isso consigam melhor falar e ouvir uns aos outros. À margem da correria dos adultos jovens para 'ganhar a vida', velhos e crianças podem de fato ganhá-la, saboreando o presente do momento em que estão juntos sem passado nem futuro.*

Por uma ação reflexiva

Entre os conteúdos a serem abordados em sala de aula que destacam a constituição da pluralidade cultural no Brasil, os PCNs (Brasil, 1997b) ressaltam, no que diz respeito às trajetórias das etnias no Brasil, a importância de se dar os devidos respeito e atenção aos grupos tradicionais representantes da diversidade cultural brasileira, considerando-os em seu processo interativo com o ambiente do qual fazem parte e em seu vínculo com a região do País na qual ocorrem. Ressalta ainda a relevância de se estudar tais grupos, levando em conta a diversidade regional brasileira no que diz respeito a seu rico acervo oral: "Caipira, sertanejo, ribeirinho, caiçara, caboclo, pantaneiro, seringueiro, habitante do mangue e outros" (Brasil, 1997b, p. 53).

Lançamos, portanto, as seguintes questões em relação às narrativas provindas da comunidade do entorno, bem como das diferentes referências culturais dos alunos; às histórias vinculadas à região da escola; às figuras folclóricas e personagens tradicionais do local (a partir das quais se criam lendas até mesmo em cidades grandes): "Até que ponto, em suas práticas de sala de aula, você tem considerado a coexistência das mais distintas culturas predominantemente orais de nossa sociedade e as respeitado, levando em conta os tantos aspectos econômicos, históricos, sociais e culturais que as envolvem e as constituem em sua singularidade?"; "De que forma você, professor, tem estimulado seus alunos no processo de alfabetização e nas práticas de letramento a levantar questões sobre o fato de a tradição oral não ser tão valorizada e conduzindo-os a pesquisas que os conduzam ao conhecimento, ao respeito e à valorização das tantas manifestações orais das diferentes comunidades regionais brasileiras?

Proposta prática: alfabetizar letrando com lendas e contos tradicionais

Lendas e contos tradicionais

Antes de apresentarmos as atividades aqui propostas, iniciamos esta subseção definindo lenda e conto, gêneros da tradição oral. Vale citar que, neste capítulo, diferentemente dos capítulos anteriores, ambos estarão juntos em uma mesma subseção, tendo em vista as semelhanças que apresentam entre si e as amplas possibilidades de aplicar as atividades aqui apresentadas tanto com lendas quanto com contos.

As lendas, ainda que apresentem uma aproximação estreita com o mito, como citado no capítulo anterior, constituem-se patrimônio da cultura que a hospeda. Para Cascudo (1984, p. 262), as características da lenda excluem-na do conto pelo fato de ela possuir individualização e localização, inexistentes neste. O autor (1998) acentua essa diferença ao apontar para a lenda como localizável no tempo e no espaço. "De origem letrada, lenda, *legenda*, *legere*, possui características de fixação geográfica e pequena deformação. Liga-se a um local, como processos etiológicos de informação" (Cascudo, 1998, p. 511).

Nos contos tradicionais, por sua vez, é evidente a ausência de marcas de fixação temporal e espacial. Para Cascudo (1984), essa característica do conto o faz diferir da lenda. O conto[8], afirma o autor, precisa ser "velho na memória do povo, anônimo em sua autoria, divulgado em seu conhecimento e persistente nos repertórios orais. Que seja omisso nos nomes próprios, localizações geográficas e datas fixadoras do caso no tempo" (Cascudo, 2004, p. 13).

Tomamos por base o artigo de Terzi (1995)[9], com o intuito de chamarmos atenção para a necessidade de se prezar pela

---

8 - Em *Contos tradicionais do Brasil*, Cascudo (2004) divide os cem contos por ele compilados e reunidos em doze seções: contos de encantamento; contos de exemplo; contos de animais; facécias; contos religiosos; contos etiológicos; demônio logrado; contos de adivinhação; natureza denunciante; contos acumulativos; ciclo da morte; e tradição.
9 - Por nós apresentado brevemente no primeiro capítulo deste livro e que nesta subseção será retomado quando se fizer necessário, para fundamentar os trabalhos aqui sugeridos.

constituição de sentido por parte do aluno em ambas as atividades aqui propostas.

A primeira atividade poderá ser feita tanto a partir de uma lenda quanto a partir de um conto tradicional. Trata-se da elaboração de paráfrases orais por parte dos alunos, a partir de textos escritos.

Há quase dois mil anos, por volta do ano 95 d.C., Marcus Fabius Quintilianus já defendia, em seu *Institutio Oratoria*, a ideia de que, ainda nos primeiros níveis da escola elementar, as histórias escutadas pelo aluno no ambiente familiar favorecem a aprendizagem da escrita e da leitura tanto no nível de decifração e registro como no de produção de sentidos inerente ao processo de compreensão e interpretação. Quintilianus (2009, p. 39) afirma:

> *Portanto, os alunos aprendem a parafrasear as fábulas de Esopo, que sucederam as histórias de suas progenitoras, narradas em linguagem simples e nem um pouco rebuscada, depois disso esse estilo simples se transferirá para a escrita; primeiro no sentido de levá-los a resolver versos métricos, em seguida, a interpretar e substituir termos, e então a vertê-las decididamente em valorosas paráfrases; nisto é permitido tanto resumi-las como embelezá-las, contanto que a ideia do poeta permaneça intacta.*[10]

---

10 - *Igitur Aesopi fabellas, quae fabulis nutricularum proxime succedunt, narrare sermone puro et nihil se supra modum extollente, deinde eandem gracilitatem stilo exigere condiscant; uersus primo solvere, mox mutatis verbis interpretari, tum paraphrasi audacius vertere, qua et breviare quaedam et exornare salvo modo poetae sensu permittitur* (traduzido do original pelos autores).

Utilizando em nosso trabalho não as fábulas de Esopo, mas as lendas e aos contos adaptados e escritos para crianças por escritores da literatura infantil, poderíamos "parafrasear" as considerações de Quintilianus (2009), afirmando que os alunos aprenderão a parafrasear as lendas e os contos dos escritores de literatura infantil que em muito se  aproximam das histórias por eles escutadas em suas famílias e nas comunidades de origem – narradas em uma linguagem simples e menos rebuscada, que será transferida para a escrita, de modo similar ao sugerido por Terzi (1995).

A compreensão das frases e dos parágrafos dos contos e das lendas se dará na medida em que o professor conduz o aluno a interpretar e produzir sentido a partir do texto lido. A substituição de palavras e de termos poderá ser feita sob a orientação do professor, como propõe Terzi (1995): após a leitura de trechos da história, o professor vai parafraseá-los em linguagem próxima à do aluno, para que este atribua sentido ao trecho lido; depois de ler toda a história, o professor resumirá o conto ou a lenda com suas palavras (utilizando ainda uma fala próxima à fala cotidiana do aluno). Posteriormente, cada aluno fará uma leitura individual do texto (contando, sempre que preciso, com a ajuda do professor) e, por fim, apresentará oralmente uma paráfrase do texto, contando-o com as próprias palavras, o que será suficiente para se observar se o aluno produziu sentidos correspondentes à proposta do texto lido.

Em outras palavras, a partir da leitura dos contos e das lendas feita pelo professor e da apresentação por este de uma paráfrase  oral em linguagem próxima à dos alunos, estes procederão à leitura individual de um dos contos lidos que será posteriormente contado por eles utilizando as próprias palavras. Após a narração da história, o aluno produzirá um texto escrito (ainda que com marcas de oralidade) que se configure como um resumo do conto por ele escolhido e contado. Por fim, o texto será aprimorado e embelezado com substituição de termos, como sugere Quintilianus (2009), deixando de lado, aos poucos, as marcas da oralidade.

Para desenvolver a adaptação de histórias escritas para a oralidade por meio de paráfrases, sugerimos as vivências de memorização, resumo, criação e embelezamento de histórias propostas no livro *Contar histórias: a arte de brincar com as palavras* (Moraes, 2012a).

A segunda atividade por nós proposta trata da divisão de textos em trechos que tenham sentido por si, para que os alunos busquem ordenar a história recortada (os contos e as lendas serão cortados, por exemplo, em certas divisões de parágrafos para que os alunos os ordenem).

Em primeiro lugar, os alunos serão divididos em grupos. Em seguida, o professor fará a leitura, a paráfrase e o resumo de contos e de lendas para a turma e entregará aos grupos seus textos previamente cortados em partes para que, por meio da leitura em grupo, da memória e da produção de sentido dos textos recém-lidos, os alunos ordenem os trechos e componham o texto que será lido por eles posteriormente. O professor escutará com atenção, observando tanto as incoerências de ordenação quanto as possíveis inversões que não acarretariam em problemas de progressão textual, nem promoveriam mudanças efetivas no sentido total do texto (dependendo do nível da turma, o professor poderá entregar a história em fragmentos mesmo sem haver sido lida e contada previamente).

Sugerimos a seguir uma possível divisão de uma lenda africana (marcada nas separações de parágrafos), como exemplo para aplicação em sala de aula:

Vuuuuu, o Filho do Vento

Contam que, há muito tempo, o Sol, a Lua, o Vento e as Estrelas tinham forma de gente e conviviam com as pessoas. Vuuuuu, o Filho do Vento, morava com seu pai, o Vento, e com sua mãe, a Esposa do Vento, em uma casa que ficava no alto da montanha mais íngreme. Seu passatempo predileto era descer para a savana para jogar bola com os rapazes das aldeias.

Um dia, enquanto brincava de bola com um menino chamado Nakati, o Filho do Vento fez a bola rolar com tanta força que até se gabou:

– Veja como a bola está veloz, Nakati!

O menino, admirado, concordou:

– É mesmo, colega, ela está muito veloz!

Nakati estava admirado com a agilidade do seu colega e curioso por não saber seu nome. Desconhecendo que se tratava do Filho do Vento, chamava-o apenas de "colega". Os dois jogaram bola por muito tempo naquele dia.

Acabada a brincadeira, despediram-se e Nakati foi correndo para casa. Ao chegar, curioso, perguntou à sua mãe:

– Mãe, como é o nome daquele colega que estava jogando bola comigo? Ele sabe o meu nome, mas eu não sei como ele se chama.

A mãe advertiu:

– Meu filho, ainda não posso lhe dizer o nome do seu colega, mas prometo revelá-lo a você depois que eu e o seu pai tivermos construído uma casa bem forte e resistente, pois, se um dia você vier a chamá-lo pelo nome, filho, deverá fugir o mais rápido que puder para a nossa nova casa. Combinado?

O menino, apesar da sua enorme curiosidade, concordou. E, com a maior paciência do mundo, esperou que a nova casa fosse construída, auxiliando os seus pais no que fosse preciso para que a casa ficasse bem forte e resistente.

Assim passaram-se os meses, enquanto os pais de Nakati trabalhavam na construção de uma nova moradia forte e resistente. E a cada dia repetiam-se o encontro dos meninos na savana, o jogo de bola, o chute forte do Filho do Vento na bola e o diálogo entre os dois:

– Veja como a bola está veloz, Nakati!

E o menino concordava:

– É mesmo, colega, ela está muito veloz!

Até que um dia, depois do jogo de bola, o menino viu que a casa estava finalmente pronta, forte e resistente como nunca. Nakati, sem perder tempo, perguntou à sua mãe:

– Mãe, agora me conte sobre o meu colega: quem é ele e qual é o seu nome?

A mãe, sussurrando bem baixo, para que nem mesmo as paredes pudessem ouvir, contou:

– Meu filho, seu colega é conhecido pelos mais antigos como Vuuuuu, o Filho do Vento. Ele é um menino bondoso e quieto, mas quando escuta o próprio nome se transforma, caindo por terra e esperneando com tanta força que dos seus chutes surgem brisas, ventanias, vendavais e até furacões. Por isso tome cuidado e lembre-se do meu conselho: se um dia você disser o seu nome, corra bem depressa para a nossa nova casa. Compreendeu?

Nakati, impressionado, fez que sim com a cabeça.

No dia seguinte, logo cedo, Nakati foi brincar com o Filho do Vento. Mas desta vez foi ele quem fez a bola rolar com toda força, e vendo que o colega corria atrás da bola e já ia adiante, gritou bem alto:

– Veja como a bola está veloz, colega Vuuuuu, Filho do Vento!!!

E na mesma hora pôs-se a correr para a sua nova casa. Foi o tempo exato de fechar a porta e de escutar o Filho do Vento jogando-se no chão.

E aconteceu exatamente como a mãe de Nakati previu: Vuuuuu, o Filho do Vento, ao ouvir o próprio nome, caiu por terra e começou a chutar o ar com toda a sua força criando uma brisa: "Vuuuuu". Os chutes ficaram mais fortes fazendo com que a brisa se tornasse ventania: "Vuuuuu". Ele esperneou mais, e a ventania virou um vendaval que envergou as árvores, levantou a poeira do chão e arrancou a palha das casas: "VUUUUU".

Mas, antes que o Filho do Vento continuasse chutando e fizesse o vendaval se transformar em um furacão, sua mãe, a Esposa do Vento, desceu à savana e segurou-o, mas Vuuuuu continuou a se debater. A mãe agarrou-o com firmeza e o pôs de pé. No mesmo instante, o vendaval cessou.

A Esposa do Vento levou-o para casa, no alto da montanha, onde até hoje vivem: o Vento, a Esposa do Vento e Vuuuuu, o Filho do Vento. De lá eles controlam todos os movimentos do ar e tudo podem escutar.

Quando estamos nas savanas, não devemos pronunciar em voz alta o nome de Vuuuuu, o Filho do Vento, pois sem escutar o próprio nome ele permanece tranquilo e quieto. Por isso os antigos dizem, quando o ar está parado:

– O vento está de pé.

Mas, quando a brisa vira ventania, vendaval ou furacão, os mais antigos sabem que Vuuuu, o Filho do Vento, escutou seu nome e está agitado ou mesmo incontrolável, rolando, chutando e esperneando pelo chão. Por isso, quando o vento sopra forte, os moradores das savanas dizem:

– O vento está por terra.

Cabe aqui relatarmos uma experiência vivida com uma turma de 3º ano durante a realização da primeira atividade aqui proposta. Depois da elaboração e da apresentação das paráfrases orais em sala, os alunos concordaram em narrar os contos e as lendas por eles parafraseados para os alunos do 2º ano. Combinamos com a equipe da outra turma e, conciliando os horários, pudemos promover a primeira "Roda de histórias do 3º ano". Foi um sucesso. Alguns dos alunos que não haviam participado pediram nossa ajuda e então, relendo suas histórias, ensaiaram novas paráfrases e decidiram participar de uma nova "Roda de histórias do 3º ano" que, dessa vez, se estendeu ao 1º ano e à Educação Infantil.

A ideia tornou-se um projeto de histórias contadas a partir do empréstimo de livros feito na biblioteca: cada criança escolhia um livro, lia, contava para os colegas e depois para as outras turmas. Ao contar as histórias com as próprias palavras, os alunos também apresentavam os livros em que estavam escritas. Estes livros costumavam ser procurados com maior frequência na biblioteca escolar pelos ouvintes.

Portanto, ao contar histórias com as próprias palavras realizando "adaptações livres" (Moraes, 2012a) de contos e de lendas lidos, os alunos, para além de enriquecerem suas práticas de letramento, promovem o letramento atuando na escola como agentes de leitura.

Livros sugeridos para ações literárias

Catando piolhos, contando histórias
• Daniel Munduruku
• Ilustrações: Maté
• Editora Brinque-Book
Memórias de infância dos momentos felizes de um menino indígena que ouvia histórias em sua aldeia, enquanto lhe catavam piolhos em seus cabelos e lhe faziam carinhos na cabeça. O livro é composto por mitos, lendas, lições de vida e lembranças.

Histórias de quem conta histórias
• Lenice Gomes e Fabiano Moraes (organizadores)
• Ilustrações: Ciça Fittipaldi
• Cortez Editora
Esta coletânea (escrita por contadores de histórias do Brasil, de Portugal e do México) reúne lendas, contos de assombrar, histórias de encantamento e contos de esperteza.

Histórias que a menina-serpente contou
• Ilma Maria Canauna e Fábio Cardoso dos Santos
• Ilustrações: Tati Móes
• Cortez Editora

Neste livro, o leitor e ouvinte adentra o mundo maravilhoso, mágico e encantado das histórias africanas que Ecubu, a menina-serpente, contou e que permanecerão para sempre em nossas memórias.

Lendas brasileiras de Norte a Sul
• Zuleika de Almeida Prado
• Ilustrações: Mirella Spinelli
• Editora Elementar

No livro são descritos seres mitológicos de cada uma das cinco regiões do Brasil e são narradas lendas relacionadas a alguns desses mitos, apresentando uma amostra da nossa imensa riqueza cultural e folclórica.

Lendas e mitos dos índios brasileiros
• Walde-Mar de Andrade e Silva
• Editora FTD

Com vinte e quatro lendas indígenas selecionadas, registradas e ricamente ilustradas pelo autor, o livro é fruto de seus oito anos de convivência com as principais tribos do Xingu.

Para além da sala de aula:
contos e lendas que nos cercam

Sugerimos, nesta seção, a realização de visitas a lugares relacionados a lendas locais (é importante que se leia e estude a lenda com a turma antes da visita). No Recife, por exemplo, há lendas envolvendo o Teatro de Santa Isabel e o Rio Capibaribe, entre tantas outras. Na Grande Vitória, existem lendas envolvendo o Convento da Penha e a Pedra do Diabo (Inhanguetá), entre outras. Nos tantos municípios dos vários Estados do Brasil, há um acervo de lendas locais relacionadas a lugares que podem ser visitados e conhecidos pelos alunos.

Outra possibilidade de atividade é a realização de uma visita agendada a mestres narradores (contadores de histórias ou narradores tradicionais) das comunidades do entorno. O contador de histórias da comunidade poderá ainda visitar a escola e contar lendas, casos e contos na biblioteca, no pátio ou no auditório da escola. É comum encontrarmos, entre os profissionais da escola ou os familiares das crianças e líderes comunitários, pessoas que, vivendo há mais tempo no local, possam descrever costumes, fatos, mudanças, figuras folclóricas da região e narrar lendas, ou mesmo contos escutados na infância. Em uma das escolas onde realizamos oficinas, por exemplo, uma das merendeiras tinha um enorme repertório de lendas e casos da região e os contava para as crianças nos passeios feitos com a turma nas proximidades da escola (inclusive em alguns dos lugares diretamente relacionados aos casos ou lendas).

Após o retorno do passeio agendado, será realizada uma roda de conversa na qual um aluno por vez fará um relato[11] oral da visita, contando para isso com a mediação e a ajuda do professor (quando necessário). Em seguida, serão produzidos relatos escritos, individuais ou em grupo, do passeio feito (sob a orientação do professor), seja a visita ao lugar relacionado a uma lenda, seja a visita ao centro comunitário ou local onde se possa escutar um contador de histórias tradicional da região (ou da visita deste à escola). No relato, serão incluídas referências às histórias contadas pelo narrador ou às características do local visitado (no caso da lenda).

11 - Um relato, afirma Costa (2008, p. 159), é uma narração não ficcional "escrita ou oral sobre um acontecimento ou fato acontecido", utilizando-se geralmente em sua produção o pretérito perfeito (eu fui, nós passamos, ele chegou) ou o presente histórico (presente do indicativo para narrar ocorrências e fatos no passado: eu pego, eu passo, ela chega).

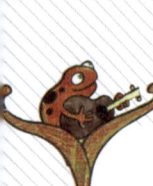

Para conhecer mais

BRAZ, Júlio Emílio. *Lendas negras*. Ilustrações: Salmo Dansa. São Paulo; FTD, 2001.

CASCUDO, Luís da Câmara. *Contos tradicionais do Brasil*. 13. ed. São Paulo: Global, 2004.

_____. *Lendas Brasileiras*. 8. ed. São Paulo: Global, 2002.

GIRARDELLO, Gilka. Na clareira do presente: o diálogo narrativo entre as gerações. In: MORAES, Fabiano; GOMES, Lenice. *A arte de encantar*: o contador de histórias contemporâneo e seus olhares. Ilustrações: Tati Móes. São Paulo: Cortez Editora, 2012. p. 41-57.

MUNDURUKU, Daniel. *Contos indígenas brasileiros*. Ilustrações: Rogério Borges. São Paulo: Global, 2004.

Referências bibliográficas

ALBISSÚ, Nelson. *Coisas do folclore*. Ilustrações: Andrea de Paula Xavier Vilela e Mirella Spinelli. São Paulo: Cortez Editora, 2008.

ANDRADE E SILVA, Waldemar. *Lendas e mitos dos índios brasileiros*. São Paulo: FTD, 1999.

AYALA, Marcos; AYALA, Maria Ignez Novais. *Cultura popular no Brasil*: perspectiva de análise. São Paulo: Ática, 1987.

AZEVEDO, Ricardo. *Meu livro de folclore*. Ilustrações: Ricardo Azevedo. São Paulo: Ática, 2004.

AZEVEDO, Ricardo. *Armazém do folclore*. São Paulo: Ática, 2003.

BAJTIN, Mikhail M.; MEDVEDEV, Pavel N. Los elementos de la construcción artística/El problema del género. In: _____. *El método formal en los estudios literarios*: introducción crítica a una poética sociológica. Tradução: Tatiana Bubnova. Madrid: Alianza Editorial, 1994 p. 207-224.

BARBOSA, Rogério Andrade. *Contos africanos para crianças brasileiras*. Ilustrações: Mauricio Veneza. São Paulo: Paulinas Editorial, 2009.

BEDRAN, Bia. A raposa e a cegonha (fábula de Esopo). In: _____. *Bia canta e conta*. Angelus Produções Artísticas, 1997. 1 CD. Faixa 3.

BENJAMIN, Walter. O flanêur. In: _____. *Charles Baudelaire*: um lírico no auge do capitalismo. São Paulo, Brasiliense, 1989. p. 33-65. v. 3. (Obras escolhidas).

BENJAMIN, Walter. *O narrador*. 2. ed. São Paulo: Abril Cultural, 1979. (Os Pensadores).

BÍBLIA. Português. *A Bíblia de Jerusalém*. Tradução: Domingos Zamagna. São Paulo: Paulinas Editorial, 1985. (Gênesis).

BISANTI, Armando. *Introduzione allo Studio della língua e della letteratura latina medievale*: Appunti delle lezioni del corso di Letteratura latina medievale (Modulo 1). Palermo: Università degli Studi di Palermo, 2007.

BORTONI-RICARDO, Stella Maris. *Nós cheguemu na escola, e agora?* Sociolinguística na sala de aula. São Paulo: Parábola Editorial, 2005.

BRASIL. *Parâmetros Curriculares Nacionais*: língua portuguesa (1ª a 4ª série). Brasília, DF: MEC/SEF, 1997a. v. 2.

_____. *Parâmetros Curriculares Nacionais*: pluralidade cultural e orientação sexual (1ª a 4ª série). Brasília, DF: MEC/SEF, 1997b. v. 10.

BRAZ, Júlio Emílio. *Lendas negras*. Ilustrações: Salmo Dansa. São Paulo: FTD, 2001.

BUARQUE, Chico. *Chapeuzinho Amarelo*. Ilustrações: Ziraldo. Rio de Janeiro: José Olympio, 2003.

BUSATTO, Cléo. *Práticas de oralidade na sala de aula*. São Paulo: Cortez Editora, 2010.

CAMPBELL, Joseph; MOYERS, Bill. O mito e o mundo moderno. In: FLOWERS, Betty Sue (Org.). *O poder do mito*. Tradução: Carlos Felipe Moisés. São Paulo: Palas Athena, 1990.

CASCUDO, Luís da Câmara. *Contos tradicionais do Brasil*. 13. ed. São Paulo: Global, 2004.

_____. *Dicionário do folclore brasileiro*. 10. ed. Rio de Janeiro: Ediouro, 1998.

_____. *Geografia dos mitos brasileiros*. Belo Horizonte: Itatiaia; São Paulo: Edusp, 1983.

_____. *Literatura oral no Brasil*. 3. ed. Belo Horizonte: Itatiaia; São Paulo: Edusp, 1984.

COELHO, Nelly Novaes. *Dicionário crítico da literatura infantil e juvenil brasileira*. 5. ed. rev. São Paulo: Cia. Editora Nacional, 2006.

_____. *Panorama histórico da literatura infantil/juvenil*: das origens indo-europeias ao Brasil contemporâneo. 4. ed. São Paulo: Ática, 1991.

CORREIA, Almir. *Trava-língua, quebra-queixo, rema-rema, remelexo*. Ilustrações: Cláudia Ramos. São Paulo: Cortez Editora, 2008.

COSTA, Sérgio Roberto. *Dicionário de gêneros textuais*. Belo Horizonte: Autêntica, 2008.

DIECKMANN, Hans. *Contos de fada vividos*. São Paulo: Paulinas Editorial, 1986.

ESOPO. *Fábulas completas*. Tradução, introdução e notas: Neide Cupertino de Castro Smolka. São Paulo: Moderna, 1994.

FARIAS, Carlos Ademir. *Alfabetos da alma*: histórias da tradição na escola. Porto Alegre: Sulina, 2006

FARIAS, Isabel Maria Sabino de *et al. Didática e docência*: aprendendo a profissão. Brasília, DF: Líber Livro, 2009.

FERRAÇO, Carlos Eduardo. As práticas teóricas de professoras e professores das escolas públicas ou sobre imagens em pesquisas com o cotidiano escolar. *Currículo sem fronteiras*, [S.l.], v. 7. n. 2. p. 78-92. jul.-dez. 2007.

FERREIRA, Jerusa Pires. *Armadilhas da memória* (conto e poesia popular). Salvador: Fundação Casa de Jorge Amado, 1991.

_____. Cultura é memória. *Revista USP*, São Paulo, n. 24, p. 114-120, dez. 1994-fev. 1995.

FERREIRO, Emília; TEBEROSKY, Ana. *Psicogênese da língua escrita*. Tradução: Diana Myriam Lichtenstein, Liana Di Marco e Mário Corso. Porto Alegre: Artmed, 1999.

FONTOURA, Mara; SILVA, Lydio Roberto. *Cancioneiro folclórico infantil*: um pouco mais do que foi dito. Curitiba: Gramofone, 2001. v. 1. (2 CDs e 1 livro).

_____. _____. _____.Curitiba: Gramofone, 2005. v. 2. (2 CDs e 1 livro).

FONSECA, Maria Nilma Goes da; GERALDI, João Wanderley. O circuito do livro e a escola. In: GERALDI, João Wanderley. *O texto na sala de aula*. São Paulo: Ática, 2006. p. 104-114.

FOUCAULT, Michel. *A ordem do discurso*: aula inaugural no Collége de France, pronunciada em 2 de dezembro de 1970. Tradução: Laura Fraga de Almeida Sampaio. São Paulo: Loyola, 2008.

FREIRE, Paulo. *Educação como prática da liberdade*. 31. ed. Rio de Janeiro: Paz e Terra, 2008.

FREYRE, Gilberto. *Casa-Grande e Senzala*. Rio de Janeiro: José Olympio, 1950.

GERALDI, João Wanderley. *Linguagem e ensino*: exercício de militância e divulgação. Campinas: Mercado de Letras, 2009.

GIRARDELLO, Gilka. Na clareira do presente: o diálogo narrativo entre as gerações. In: MORAES, Fabiano; GOMES, Lenice. *A arte de encantar*: o contador de histórias contemporâneo e seus olhares. Ilustrações: Tati Móes. São Paulo: Cortez Editora, 2012. p. 41-57.

GNERRE, Maurizio. *Linguagem, escrita e poder*. 4. ed. São Paulo: Martins Fontes, 1998.

GÓES, Lúcia Pimentel. *Introdução à literatura para crianças e jovens*. São Paulo: Paulinas Editorial, 2010.

GOMES, Lenice. A literatura infantojuvenil e as raízes no popular. In: AMARAL, Cirineia; MARTINS, Ivanda (Orgs.). *Laços multiculturais*. Recife: Baraúna, 2006. p. 125-142.

_____. Cantares e contares: brincadeiras faladas. In: MORAES, Fabiano; GOMES, Lenice (Org.). *A arte de encantar*: o contador de histórias contemporâneo e seus olhares. Ilustrações: Tati Móes. São Paulo: Cortez Editora, 2012. p. 23-39.

_____. *Escuta só... O que é? o que é?* (adivinhas de brincar). Ilustrações: Ingrid Biesemeyer Bellinghausen. São Paulo: Cortez Editora, 2004.

_____; FERREIRA, Hugo Monteiro. *Pelas Ruas da Oralidade*: adivinhas, parlendas, trava-línguas, provérbios e trancoso. São Paulo: Paulinas Editorial, 2003.

GOMES, Lenice; MORAES, Fabiano (Orgs.). *Histórias de quem conta histórias*. Ilustrações: Ciça Fittipaldi. São Paulo: Cortez Editora, 2010.

_____. Tradição oral: uma riqueza presente em nossos dias. *Revista Direcional Educador*, São Paulo, ano 8, n. 91, p. 14-16, ago. 2012.

_____; PEDROZA, Giba. *Alecrim dourado e outros cheirinhos de amor*. Ilustrações: Cláudio Martins. São Paulo: Cortez Editora, 2011.

HALEY, Gail E. *O baú das histórias*. Tradução: Gian Calvi. São Paulo: Global, 2004.

HEYLEN, Jacqueline. *Parlenda, riqueza folclórica*: base para a educação e iniciação à música. 2. ed. São Paulo: Hucitec, 1991.

HISTÓRIAS. Direção: Paulo Siqueira. Produção: Benita Prieto. Rio de Janeiro: Ópera Prima, 2006. 1 DVD (60 min).

HOUAISS, Antônio; VILLAR, Mauro de Salles. *Dicionário Houaiss da Língua Portuguesa*. Rio de Janeiro: Objetiva, 2009.

HUXLEY, Aldous. *Admirável Mundo Novo*. Tradução: Lino Vallandro e Vidal Serrano. São Paulo: Globo, 2001.

JECUPÉ, Kaká Werá. As fabulosas fábulas de Iauaretê. Ilustrações: Sawara. São Paulo: Peirópolis, 2007.

KISHIMOTO, Tizuko Morchida. *Jogos tradicionais infantis*: o jogo, a criança e a educação. 6. ed. Petrópolis: Vozes, 1993.

KLEIMAN, Ângela B. Modelos de letramento e as práticas de alfabetização na escola. In: KLEIMAN, Ângela B. (Org.). *Os significados do letramento*: uma nova perspectiva sobre a prática social da escrita. Campinas: Mercado das Letras, 1995. p. 15-61.

KOCH, Ingedore Villaça; ELIAS, Vanda Maria. *Ler e escrever*: estratégias de produção textual. São Paulo: Contexto, 2010.

_____. *Ler e compreender*: os sentidos do texto. São Paulo: Contexto, 2006.

LAGO, Angela. *ABC doido*. São Paulo: Melhoramentos, 1999.

LAJOLO, Marisa; ZILBERMAN, Regina. *Literatura Infantil brasileira*: história e histórias. São Paulo: Ática, 1984.

LETRIA, José Jorge. *Os animais fantásticos*. Ilustrações: André Letria. São Paulo: Peirópolis, 2008.

LOBATO, Monteiro. *O Saci*. Ilustrações: Paulo Borges. São Paulo: Globo, 2007.

MARTINS, Adilson. *O papagaio que não gostava de mentiras e outras fábulas africanas*. Ilustrações: Luciana Justiniani Hees. Rio de Janeiro: Pallas, 2008.

MÉLO, Veríssimo de. *Adivinhas*. Natal: Sociedade Brasileira de Folk-lore, 1948.

MORAES, Fabiano. A oralidade pede a palavra: como e por que respeitar a "fala" do aluno na sala de aula. *Revista Páginas Abertas*, São Paulo, ano 36, n. 46, p. 12-14, 2011a.

_____. *Contar histórias:* a arte de brincar com as palavras. Petrópolis: Vozes, 2012a.

_____. La marca individual del narrador oral: rescate de la tradición oral. In: GUEVARA, Jesús Lozada. *El árbol de las palabras*. La Habana: Babieca Editores, 2012b. p. 234-242.

_____; GOMES, Lenice (Orgs.). *A arte de encantar*: o contador de histórias contemporâneo e seus olhares. Ilustrações: Tati Móes. São Paulo: Cortez Editora, 2012.

MORAES, Fabiano de Oliveira. A 'fala' e os saberes do aluno: pela democracia linguística na sala de aula. In: CONGRESSO LATINOAMERICANO DE FILOSOFIA DA EDUCAÇÃO: TRABALHOS COMPLETOS, 1, 2011, Campinas. *Anais...* Campinas: PUC-Campinas, 2011b. p. 40-48.

_____. *O "medo" em Chapeuzinho Vermelho (da Idade Média à Modernidade)*: por uma abordagem discursiva da referenciação com base em Foucault. 2010. 150f. Dissertação (Mestrado em Linguística) – Programa de Pós-Graduação em Linguística (PPGEL)/Universidade Federal do Espírito Santo, Vitória, 2010.

MORIN, Edgar; ALMEIDA, Maria da Conceição de; CARVA-LHO, Edgard de Assis (Orgs.). *Educação e complexidade*: os sete saberes e outros ensaios. Tradução: Edgard de Assis Carvalho. São Paulo: Cortez Editora, 2002.

MUNDURUKU, Daniel. *Catando piolhos, contando histórias.* Ilustrações: Maté. São Paulo: Brinque-Book, 2006.

_____. *Contos indígenas brasileiros.* Ilustrações: Rogério Borges. São Paulo: Global, 2004.

NETHO, Paulo. *O pinto pelado no Reino dos Trava-línguas.* Ilustrações: Cláudio Martins. São Paulo: Formato Editorial, 2006.

NUNES, Ruy Afonso da Costa. *História da educação na Idade Média.* São Paulo: Edusp, 1979.

PAMPLONA, Rosane. *Moral da história... fábulas de Esopo.* Ilustrações: Eugenia Nobati. São Paulo: Elementar, 2013.

ONG, Walter. *Oralidade e cultura escrita.* Tradução: Enid Abreu Dobranszky. Campinas: Papirus, 1998.

PAZ, Noemí. *Mitos e ritos de iniciação nos contos de fadas.* Tradução: Maria Stela Gonçalves. São Paulo: Cultrix/Pensamento, 1989.

PERROTTI, Edmir. *Ciranda, cirandinha.* Ilustrações: Cláudio Martins. São Paulo: Paulinas Editorial, 1994.

PINTO, Ciça Alves. *Livro dos provérbios, ditados, ditos popula-res e anexins.* São Paulo: Senac, 2000.

PRADO, Zuleika de Almeida. *Lendas brasileiras, de Norte a Sul.* Ilustrações: Mirella Spinelli. São Paulo: Elementar, 2008.

QVINTILIANUS, Marcus Fabius. *Institutio oratoria.* Napoli: Classici Latini Loffredo, 2009.

ROMERO, Sílvio. *Folclore brasileiro*: contos populares do Brasil. Belo Horizonte: Itatiaia; São Paulo: Edusp, 1985.

ROSINHA. *Adivinha só.* São Paulo: Editora do Brasil, 2012.

SANDRONI, Laura. *De Lobato a Bojunga*: as reinações renovadas. Rio de Janeiro: Agir, 1987.

SANTOS, Boaventura de Sousa. *A crítica da razão indolente*: contra o desperdício da experiência. São Paulo: Cortez Editora, 2005.

SANTOS, Fábio Cardoso dos; CANAUNA, Ilma Maria. *Histórias que a menina-serpente contou.* Ilustrações: Tati Móes. São Paulo: Cortez Editora, 2007.

SISTO, Celso (Org.). *Histórias de cantigas.* Ilustrações: Cláudia Cascarelli. São Paulo: Cortez Editora, 2012.

SMOLKA, Ana Luiza Bustamante. *A criança na fase inicial da escrita*: a alfabetização como processo discursivo. São Paulo: Cortez Editora; Campinas: Editora da Universidade Estadual de Campinas, 2003.

SOARES, Magda. *Alfabetização e letramento.* São Paulo: Contexto, 2008.

SOARES, Magda. As muitas facetas da alfabetização. *Caderno de Pesquisa*, São Paulo, n. 52. p. 19-24, fev. 1985.

_____. *Letramento*: um tema em três gêneros. Belo Horizonte: Autêntica, 2005.

_____. Letramento e alfabetização: as muitas facetas. *Revista Brasileira de Educação*, São Paulo, n. 25, p. 5-17, jan.-abr. 2004.

SOUSA, João Cardoso de Meneses e (Barão de Paranapiacaba). *Fábulas de La Fontaine*: vertidas e anotadas pelo Barão de Paranapiacaba. Rio de Janeiro: Imprensa Nacional, 1886. v. 1.

TERZI, Sylvia Bueno. A oralidade e a construção da leitura por crianças de meios iletrados. In: KLEIMAN, Angela B. (Org.). *Os significados do letramento*: uma nova perspectiva sobre a prática social da escrita. Campinas: Mercado das Letras, 1995. p. 91-117.

VALE, Rubinho do. Desafio de trava-línguas. In: VALE, Rubinho do; MARQUES, Francisco. *Enrola-bola*: brinquedos, brincadeiras e canções. Sonhos e sons, 1997. 1 CD. Faixa 8.

VOIGT, Ernst. *Egberts von Lüttich Fecunda ratis*. Halle: Max Niemeyer, 1889.

ZIOLKOWSKI, Jan M. *Fairy tales from before fairy tales*: the medieval Latin past of wonderful lies. Ann Arbor: University of Michigan Press, 2007.

ZIPES, Jack David. *Trial and tribulations of Little Red Riding Hood*: versions of the tale in sociocultural context. New York: Routledge; London: Routledge, 1993.

ZUMTHOR, Paul. *A letra e a voz*: a "literatura" medieval. Tradução: Amálio Pinheiro e Jerusa Pires Ferreira. São Paulo: Companhia das Letras, 2001.

Lenice Gomes

Pernambucana, é professora e narradora de histórias, graduada em História e especialista em Literatura Infantojuvenil, ministra oficinas, cursos e palestras em eventos nacionais e internacionais. Publicou mais de trinta livros (alguns altamente recomendáveis pela Fundação Nacional do Livro Infantil e Juvenil [FNLIJ]) É curadora dos projetos Cia. Palavras Andarilhas e Noite de Histórias e conselheira do Instituto Conta Brasil. Pesquisa a cultura popular e possui obras publicadas para adultos e crianças sobre a tradição oral.

Fabiano Moraes

É doutorando em Educação, mestre em Linguística e Graduado em Letras-Português pela Universidade Federal do Espírito Santo (Ufes). Atua como professor voluntário pelo DLCE/CE/Ufes, professor de Pós-Graduação em Arte-Terapia do Instituto Fênix, diretor de Comunicação do Instituto Conta Brasil e pesquisador Associado da Cátedra Unesco de Leitura – PUC-Rio e da Associação de Leitura do Brasil. Idealizador do *site* Roda de Histórias (premiado pelo Ministério da Cultura [MinC]), escritor e narrador.